Liberal
Education

博雅教育的學與思

東海大學博雅書院 著

目錄

第一部 東海博雅書院的經驗分享 55

目錄

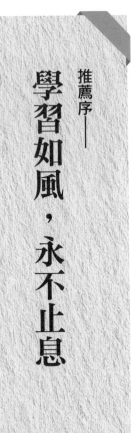

推薦序——學習如風，永不止息

王茂駿　東海大學校長

東海大學創校至今六十三年，已有十一位校友獲選為中央研究院院士，另有一位校友獲選為中國科學院院士。曾經有位大學校長在一次會議中問起，為什麼東海大學可以培養出這麼多位院士校友？在今年七月的一場和東海院士校友的座談會中，我也將此問題向在場的院士校友們請教，他們的回答大多提到當年在東海大學所接受的通才教育、博雅教育、勞作教育等，對於他們一生的職涯發展有著重要的影響。作為一位東海校友，我也深有同感。

東海大學早期是採取小班制，一屆約兩百人；在前二十年，全校學生只有一千多人，師生互動密切，學生在多元又開創的校風下學習成長，課餘常有機會和老師近距離接觸對話，甚至到老師家作客。不僅有師長們給予的言教，也有身教，並從生活中學習生命的智慧。

東海大學現今有一萬六千多位學生，博雅書院的成立，正是期許能延續東海大學早期小班的特色，以家族的形式增進師生間的互動，進而引導學生在品格、思辨、溝通、團隊及領導等軟實力的養成，幫助學生在專業能力與人文博雅素養，都能得到均衡的發展。

博雅書院開辦至今已滿十年，感謝王偉華教授及卓逸民教授兩位書院長的努力耕耘，及榮譽書院長劉炯朗院士的悉心指導，讓書院重拾東海的創校教育理念，發展成為東海的辦學特色之一。同時也要特別感謝賈培源學長、鄭清和學長、李詩欽學長及楊金山學長等，長期以來在經費上對於書院的大力支持，成為博雅書院推進的動力。

期許書院持續穩健地成長茁壯，讓博雅教育的學習如風一般永不止息。為社會國家培育更多未來優秀人才！

推薦序——

從博雅教育到博雅人生

劉炯朗　中央研究院院士
東海大學博雅書院榮譽書院長

台灣在很長的一段時間裡，畢業後找份固定工作，有固定收入是很重要的事情，因此，學校教育特重或只重視專業領域。六十幾年前我進成功大學電機系，很清楚的目標，畢業後進台灣電信公司，月薪八百元，這在當時算是相當高的收入。現在的生活條件雖然相當緊張，但和幾十年前相比，真是大不相同。現在每個人可以依憑興趣找事情，或者大學畢業仍不確定興趣所在也未嘗不可，只是不能唱高調，必須先保障最基本的生活，所以假如想當電影明星，可以先去餐廳當服務員；想當藝術家，可以先當工程師等等。

今日的台灣大致上已經能保障一個基本的生活，支持每個人憑著興趣找事情做，或許得到財富，或許得到聲名，可以確定的是，會得到快樂。

如果畢業後就業的意義今昔不同，那麼今日的大學教育也就應該改變。在英、美國家有著不同特色的學院，有的學院偏重體育、有的偏重文科、有的偏重理工，也就是說，綜合也好，分門也好，都是一種自然的發展。我覺得教育不是做模子，而是提供一個學習的環境。我曾說過，進大學接受教育就像吃自助餐：第一，可以選擇的種類很多，喜歡什麼選什麼；第二，能吃多少就吃多少；第三，能自由組合搭配。那麼，辦教育的人就要提供多元且優良的食物。

以專業領域來說，我主張「博」。大學時不需要馬上抓到方向，而要先把基礎紮好，研究所時才稍微專業一點，博士班更專業一點。「專業」和「博雅」是二維的向度，非但不是背反，更是一致的。同樣的，「博」和「雅」是分不開的，只要能「博」，看任何東西就能「雅」。我是學資訊的，但任何知識讀到後來都美得不得了，讚嘆於怎麼有人能想出、做出如此有用、如此美的方法。

討論「博雅」，每個人有每個人的看法，不同程度的人在一起就有不同的討論與見解，但就像自助餐，個人吃個人的，但一起討論又能得到更多的樂趣。

博雅教育限於人力、物力，能否普遍到整個大學？面對類似的問題必須先釐清一個觀念，博雅教育的實踐場域該有多大？或多小？這點確實有討論空間。以東海大學來看，我覺得博雅書院的教育模式可以作為一個案例，開始直接或間接地漸漸影響到全校。

現在的「博雅書院」係回歸英、美傳統的系統，營造師生共同生活，互相探討學問、培育共同興趣的地方。簡單地說，可以有一個二維的分類，如果X軸是「專業學術」領域，Y軸就是「共同生活」領域。

「專業學術」的分類領域行諸多年，一個學期十八週，每個專業課程每週二至三小時的課堂學習，以及課餘做作業或計畫，眾人皆知，不必多言。除此以外的時間所參與的活動都能包括在「共同生活」的分類領域裡面，其中有幾個要項：

第一，學習並不限於課堂的專業內容。共同生活的領域內也可以學習，有時也能開設專業課程，甚至比學術領域更專業，也不無可能。學習的內容更可以橫跨不同領域，譬如可以從基本方法到宏觀角度來討論書法、宗教、世界各地的風土人情等等。

第二，學習人與人的關係。中文系和資訊系可相互交流，老師、助教的生活經驗又比學生多個幾年，生活在一起，就會產生不同的交流。不只如此，每個人的背景、嚮往不同，面對不同人的優缺點都是一種學習過程。

第三，參與社會各種不同的活動。專業學院也能組成各種團體參與社會互動，但書院可以提供更多元、彈性的選擇，讓學生參與社會、觀看世界。

對我而言，學習是一天二十四小時、是一輩子的事，博雅教育和終身教育是同一件事。書院四年的教育對一個人的影響很大，畢業後的影響更大。專業的學習隨著時間的推移會落伍，但無妨，因為專業學習原本就是基礎、通才的訓練，如果還能又博又雅，就能夠一直走下去。所以，即使專業訓練，我也主張「博雅」教育。

回到博雅書院的博雅教育來看，我覺得，一生受益不淺。終歸一句，能「博」則「雅」，就能看出美來。讀書如此。人生如此。

（原文刊載於「大渡山學會」，張運宗整理）

家族導師分享——

在書院，與一群最可愛的老師們相遇

阮美慧　東海大學中國文學系老師
博雅書院UP家族導師

自己何其有幸！在我人生的青春歲月以及日後的工作，都能在東海這座綠意盎然、古色古香的校園裡生活，使自己的生命可以悠遊在寬廣的天地間。

然而，更何其有幸！我在書院遇到一群最可愛的老師們，他們來自全校各個科系，當初只因大家心中懷有一份對教育的理想與熱情，因此緣分將大家匯聚在書院這個大家庭裡。對學生及老師而言，這裡不缺的是跨領域的學習，不缺的是論辯之後的琅琅笑聲，更不缺濃濃的溫暖人情，這在現今快速、功利講求排名的大學裡，是難得一見的。

由於，這裡的學習氛圍開放而多元，有別於單獨科系的專業與封閉，無形之中打開學習者的視野，在此，你深深體會到世界是如此開濶而美好，每個地方都有值得駐足欣賞之處，只要你願意敞開心胸，美與感動無所不在。而創造這樣的氛圍，是這群最可愛的老師們。在書院，老師們除了傾囊相授自己的專業之外，更多時候是因為大家有可以好好坐下來一起共學的時刻，彼此在不同知識的背景下交流，交換各種知識的饗宴，撞出許多美麗的火花。這對大學教師獨自閉門鑽研，更能開啟無限的想像與探索，原來知識是如此深奧而迷人。

如今，書院走過十多個寒暑，歷經每個階段的蛻變，在老幹新枝不斷地抽長更迭中，在學校這大園子裡，仍有一群可愛的老師們，願意蹲踞在書院，如一名園丁，彎腰辛勤地為學生們施肥、澆灌、剪枝，期待他們日後能夠開出繁麗的生命花朵。

家長分享——

終身學習的教育養成

陳敏純 書院畢業生朱宸儀的母親

女兒從小喜歡人群，大一那年和一百名同學同時進入博雅書院，成為第一屆書院生。在東海大學修業期間，除了本科系的課程外，還接受書院的課程，學習禮、樂、射、御、書、數等通才教育。這群孩子從懵懵懂懂的高中畢業生，在博雅書院的教育下，準備訓練成為社會的菁英和關懷社會國家的知識分子。

在書院繁忙的活動和書院老師們的帶領下，女兒被啟發、被關懷、被疼愛，也被要求；在各種團隊的分工和合作下，努力再努力、學習再學習，老師、學生們發展出一股革命感情。因為在愛和關懷的環境中，孩子們更認真的學習，快速的吸收。雖然課業的壓力那麼大，野外訓練那麼累，一次次聽演講，老師們儘量給予，學生們認真的完成。那樣的過程，我們做父母的深深感受到孩子的改變，真確的來自教育養成後的自我要求。太多的感謝和感動，書院的老師們除了自己本身的學校研究外，願意額外付出且犧牲自己的家庭和娛樂的時間，用盡心力培養我的小孩。

宸儀已經畢業六年了，那段經歷回想起來，還是令我這個當媽媽的感激得想哭。並且知道我的小孩，這一生一定會認真努力地走在對的路上。四年博雅書院的培養和老師同學的陪伴，一定會是宸儀這輩子最重要的回憶和教育養成。最後，我要再一次感謝博雅教育、書院長偉華老師和所有老師們，非常感激你們，愛你們！

作者序——

教育是「塑形」還是「發展」

王偉華　東海大學博雅書院書院長

從工業革命開始，為了因應世界的需要，教育也進入了大量生產的模式。大型的教室，制式的教材，統一的要求，為的是讓大量的工作力能夠進入生產的行列。這種教育的目標，是幫助受教的人們有統一的能力，能夠完成未來工作的要求。這是塑形。大家的焦點都在如何找到一份好的工作，有效的去完成。

教育應該還有另一個更重要的目的，是幫助人們有能力去思考，去創造，去尋找與構築自己與群體的意義。當人們了解自己很有價值後，思考、創造和實踐才會有動能，才能開始發展。我們認為教育的重要任務是，幫助學生有個豐厚的基礎，不只是讓他去進行他所學的專業，更是幫助他去尋找他的天賦和有勇氣在他認為有價值的路上持續努力。

教育不是塑形，而是讓年輕人有發展的能力和勇氣。

許多媽媽都有這個經驗，做了一桌好菜，但孩子不太捧場；問題應該不在菜做得好或不好，而是孩子餓或不餓。我們都知道，要孩子健康，在飯前不要讓他吃太多零食，否則到了正餐就沒胃口了。

現代教育也面臨一樣的景況。網路快速發達，當年輕朋友的時間和注意力都被網路破碎的資訊佔據的時候，他們對學校和老師們精心準備的教材和教案，沒有多餘的空間、時間和心力來吸收。如果我們只是在強調課程內容的精緻化，教法的活潑化，但沒有幫助學生對學習產生「飢餓感」，效果也就不容易彰顯。學習需要動機和恆毅力，這兩者都需要經過努力，而努力最好的支持就是價值與夥伴。

東海大學博雅書院就是一個「讓人飢餓的教育過程」。因為飢餓了，所以「價值」、「人格」、「關懷」才會在學習排序中佔有高的位置。

東海大學自一九五五年創校時就是一所推行博雅教育的大學，就在和現在一樣的校園，每年只收二百位新生，全校不超過八百位學生。理工的學生要學文史哲與音樂。文史哲的學生，也要學習生物、天文與數學。當時所教育出的學生，不只是後來的成就，更是人格與價值的高度。但隨著時代與環境的變遷，過去的教育模式很難繼續維持。或許本來也不應該思考維持，而是要思考如何在現代的環境中進化。當年教育內容的博，和師生相處所孕育出來的雅，都必須用另一種方式來成就。

有太多人問我，博雅書院的成效如何？重要的績效指標（KPI, Key Performance Index）如何？我和書院的夥伴們都可以輕易地說上一兩堂課，我們做的內容和努力。但教育的真正成效，應該不是做了多少，或是多少人完成制式的要求，而是多少人被影響，願意開啟他／她的人生，也讓更多的人因為他們的努力而有更好的未來。這本書不只是提供了東海的經驗與方法，更是讓大家能夠感受一些這種教育的成果。十二位年輕生命的轉化故事，應該可以透露多年努力的成效。

這本書談的可能不是如何讓學生成為「博」與「雅」，而是如何讓他們啟動「博」與「雅」的終身學習。雖說是以東海大學博雅書院的經驗來談，但對有興趣啟發年輕人尋找價值，發覺天賦與關懷社會的朋友和單位來說，應該也是一個可以參考的模型。

教育對人的影響，是需要長時間才得已體會的。對教育的支持，很多人願意提供獎學金，願意捐贈大樓等，這些都好極了，但非常少數的人願意投注心力和資源，在教育的核心與柔軟的本質。這種投入很難立竿見影，但卻影響深遠。東海是有福的，前任校長程海東博士與前任董事長林振國先生在多年前，訪問北美校友的行程中，拜訪了東海第三屆經濟系的賈培源校友。賈培源先生是世界級的企業家，是華人中頂尖的銀行家。賈培源先生和夫人對教育有非常崇高的理想與遠見，他們認為如何在現在的大學架構中，建立一個能夠啟發學生學習與提升價值的博雅教育是非常重要的。在那次的聚會中，就確定了在大的學校裡成立強調博雅教育的小型學習機構。東海大學在現代環境中的博雅教育，就從那時開始萌芽。

一個理想，沒有持續的支持與堅持，是很難實現的。東海大學博雅書院一路發展到現在，真是歸功於有遠見、持續支持與鼓勵的：賈培源校友、程海東校長、鄭清和校友、李詩欽校友、楊金山校友，以及許多提供寶貴經驗、建議與經費的支持者們。賈培源先生在書院財務完全自主的那段時間，一人承擔三分二書院的經費需求，近幾年也是持續大額的捐款支持和給予書院發展的指導。鄭清和先生、李詩欽先生、楊金山先生也是長期固定的大額捐款。尤其是鄭清和先生給予書院許多精神以及經驗上的重要支持。博雅書院的成立與發展期間，程海東校長的指導與支持，以及一肩扛起各方的疑問與壓力，博雅書院的全體師生都有著極大的感謝。沒有程海東校長卓越的領導，就很難有博雅書院的出現與存在。也特別感謝大渡山學會（DDS）的長期支持與指導，不只是經費，更是經驗與智慧，讓博雅書院能往更好的方向發展。

感謝現任的東海校長王茂駿博士，在推動東海成為一所具有深厚博雅底蘊的創新卓越大學的努力，讓人動容。謝謝前任湯銘哲校長，在他對博雅教育的支持下，博雅書院成為東海組織規程中的一員。也感謝過去的幾任代理校長：葉芳柏博士、林振東博士，他們對書院教育的支持，讓書院能持續地發展。

除了支持，實際推動與工作的人們也極為重要。前清華大學校長劉炯朗院士，擔任博雅書院的第一任書院長，奠定了極有前瞻性的教育理念與方向。有他的帶領，我們總不偏離方向；和他的共事，讓我們深深體會領袖的重要。卓逸民教授從第一年開始擔任書院導師，帶領與陪伴學生的過程中，對教育的理想與熱情總讓人感動，更是在二〇一四～二〇一八年之間擔任書院長，對書院的賡續有極高的貢獻。當時的副書院長吳秀照教授，總是我們最好的老師，讓我們學習到紀律與關懷可以同時存在。

博雅書院是非常需要時間、心力、體力與愛心的工作，對學生來說，這是個充滿愛與關懷的地方。但對工作同仁來說，這是個工作繁忙，無日無夜，甚至週末都不多的任務，感謝許恆嘉、江琳余、林郁、陳宏明，這些創院的夥伴們，我們經歷了篳路藍縷的過程。謝謝當時的書院學務主任——大家的Albert，楊志傑校友從美國回來幫忙，說好三個月，結果成了三年多，激勵了許多的學生、老師與校友。謝謝當時書院的行政主任林淑卿女士，清楚的思緒，非常好的會計管理和單位之間的聯繫，讓許多創新的作為，總是能讓學校的行政與會計體系安心。感謝阿康，彭康健教授在他非常忙碌的工作中，總看到他對博雅教育的堅持與投入，對我們來說，不只是夥伴，更是典範。特別謝謝李佩華小姐總在困難的時候，扛起大的責任。謝謝現在在書院服務的同仁：范聖興副書院長、黃淑燕學務主任、思螢、廷宜、芳庭、佩真、宏明、雅萍、琦紋、淑卿、佳韋。也謝謝許多過去在書院服務過的夥伴，容許我不一一列出，但一併致謝。也謝謝宜蓉和智勝帶領的戶外領導中心，一流的規劃與帶領，協助書院生能在安全的環境中經歷挑戰與深度的反思。謝謝許多過去在書院服務過的夥伴，以及現在在書院服務的同仁，容許我不一一列出，但一併致謝。

東海博雅書院一個很特別的地方，就是我們有導師制度。一群學校裡各系的專任老師，願意在原來要執行教學、研究、服務、輔導的繁忙行程中，空出休息與家人相處的時間，來陪伴與教導學生，沒有這些為教育理想奮進，讓人致敬的老師們，這本書裡的內容都不容易發生。我們有二十個家族，但總共有四十多位的導師。所以大家不僅只是陪伴學生，也彼此作伴，互相激勵與學習。作為書院的導師是辛苦的，但也是幸福的。

要感謝所有給我們協助、指導，甚至質疑的朋友們，協助與指導讓我們感到溫暖，質疑讓我們快速進步。博雅書院是東海大學的，謝謝大家一起讓她有更好的發展，也能成為一個值得參考的模式。

謝謝商周出版的黃靖卉總編輯、彭子宸小姐，以及在本書成型過程中所有幫忙的朋友。我與邱國維老師和十二位年輕人，都沒有出版的經驗，各位基本上是讓不可能成為事實。

最後要謝謝所有經過博雅書院教育的學生們，博雅書院的存在和發展，都與你們的參與和努力有關。過去一起的大笑與落淚，一起的流汗與疲累，一起的掙扎與成就，都塑造你和我們成為我們的樣子。你或許完成了書院的要求，或許沒有，但這都不影響你在路上的足跡和是我們永遠家人的身分。

書中總有遺漏，甚至失誤，這都是因為我們的記憶與能力有限，但我們願意分享的那顆心，總是火熱的。教育是讓人充滿熱情的事業，而且激勵的是，教育可以是所有人一同努力的事業。也唯有大家一同努力，教育才能改善，明天就會愈來愈光明。

前言

啟動轉化（Transforming）

——從東海博雅書院看博雅教育

東海博雅書院的理念：在前進中學習

對東海大學，大家肯定耳熟能詳，但是「博雅書院」是哪個領域的學院？其他大學好像沒有這樣的學院？這樣的疑惑肯定所在多有。

任何學習，開始時總得有「好奇」，然後進入「掙扎」。奮鬥一陣子，進入有些「成就」的感覺時，這學習才開始有成長的機會。在東海博雅書院的學習就是強化這個過程。

二〇〇八年八月下旬，一個艷陽高照的日子，在當時文理大道邊的管理學院草皮上，擺放了許多折疊椅，迴廊上站滿了人，等待博雅書院的第一次說明會和掛牌儀式。一間教室的門旁，擺著「博雅書院籌備處」的木牌。當時書院的籌備處主任是我，行政長是王崇名老師，陳以愛老師是教育長，還有一群擔任書院第0屆的社會科學院研究生的學長姐們。一群眼中帶著徬徨但又有許多期望的年輕人，就這樣展開了這趟充滿理想與未知的旅程。

有動力的學生總是對新鮮事充滿了好奇；家長總是充滿望子望女「成龍成鳳」的期盼。但只有和我們一樣認為追尋長期「幸福」比求取短期「快樂」重要的家長，才會相信**品格教育**不只是和專業教育一樣的重要，而是**更重要**。可能因為這個價值觀，他們同意或催促孩子們加入博雅書院。那一天，第一屆的書院新生、家長和我們都在現場，很熱血但帶著許多未知，一個充滿理想的教育，或許就該有些這樣對未知的興奮和疑慮。

東海大學第一任校長曾約農先生說過：「在前進中學習」，真正貼切地表達了東海的教育精神。充滿著理想，有著清楚的目標，但在還沒有確切的設計和步驟就該上路了。未來是多變的，時間是緊迫的。等想清楚了，環境卻已經改變。我們不能總是在打已經飛過的靶。沒有刻意，但東海博雅書院就是在這種「前進中學習」的理念中啟動了。

教育的目的

要談博雅教育之前，應該先了解一下教育的目的是什麼？這一點可以從幾個方向去思考，是專業的知識、專業的能力、專業的洞見，還是能夠在專業上有所突破？比如發展一種新的藥品，能夠讓人免於某種病痛；或是開發一種製程，能將電子線路做得更精緻，讓使用的設備能夠更小，更省資源？這些都是很好的想法。

但，教育只是進步與開創嗎？

在教育中，僅有少部分人是「發明者」，大部分人都是「使用者」。一個教育系統如果只專注於培育「發明者」，那似乎忘了傳遞同樣是教育重要的目的：**如何生活和如何與別人一同生活**。

談教育的著作很多，我沒有要增加些什麼見解的動機。只是做些整理，與許能讓讀者約略明白教育重心在時間軌跡上的變化。

高等教育的演進

高等教育從十二世紀發跡以來，歷經許多的轉變，每種轉變背後都有各種論述。談論太久遠以前的歷史，未免有些賣弄知識的嫌疑，而對現代影響較鉅的高等教育，應該可以從十九世紀中期的英國開始。當時強調大學是教學與培養人才的機構，是特殊形態的思考與儀態訓練，是一種「人格的模鑄」，強調的是傳授學問、訓練思考；大學是培養紳士的場域。

到了十九世紀末的德國，德國自然科學家洪堡（Alexander Von Humboldt）&普魯士政治家阿爾索夫（Friedrich Althoff）均強調，大學應該扮演發展新知；教師的首要任務是，自由的從事創造性的學問，也就是重心應該聚焦在研究新的知識與技術；並且強調，每一位師生都應該在日益增大的「知識金廟」上，放置一塊「磚石」。大學的責任是開發新知。

二十世紀初，美國在世界上的地位愈形重要，對大學教育當然也有重要影響的主張。美國教育家佛萊瑟（Abraham Flexner）強調大學的目的，不只在創造知識，也在培育人才；大學是一個完整的有機體，應該均衡探討物理、社群與美藝世界的種種知識。但是反對大學訓練「實務人才」，反對大學開設職業訓練課程，更極力反對大學成為社會的「服務站」（service station）。大學是時代的表徵，應把持一些長久的價值意識，不應隨社會的發展起舞。大學應該扮演社會發展的燈塔角色，而不只是培育滿足社會目前需要的人才和發展新知。換句話說，大學應該引領社會發展，而不只是滿足社會需要。

同一時期，德國哲學家雅斯佩斯（Karl Jaspers）認為，大學的目的在模鑄整全的人。真正的大學必須有三個組成：一是學術性的教學；二是科學與學術性的研究；三是創造性的文化生活。大學是個充滿智識的社群，是探詢真理的地方，因此學術自由與包容差異是必要的。但大學不可成為象牙塔，他主張大學不應該只是論述，而且必須能夠實踐，技術（technology）在大學教育中應該佔有一席之地，所以不應該反對學術的專門化。不過知識應不只是專門化，大學教育應該是整全（Integrated）的發展。大學應該教育整全的人，而不是僅僅培育專精某些知識或技術的人才。

到了二十世紀中期，美國為了因應社會快速工業化以及大量專業人才的需要，加州柏克萊分校校長克爾（Clark Kerr）主張在教育方式上，大學教育應強調英國式的教學為重；研究所採用德國重研究的精神。美國大學應發展出自己的獨特性，學術與市場結合發展成「知識工業」，大學應發展成為社會的「服務站」。於是大學教育的「分化」就開始形成風潮。科技發展開始快速影響生活，於是大學逐漸從「燈塔」的角色轉化成為「人才工廠」。大學發展的方向快速從引領社會發展，轉為滿足社會的需要。

台灣的大學教育

今日的台灣，學生進入大學的選擇絕大多數是依據「專業教育」或「主修領域」——另一個更直接的說法是，根據哪個「專業或領域」將來的就業機會比較好而決定。這樣的選擇模式，總是不斷讓我們思考，**究竟大學的目的是專業型的技術訓練，還是開放型的知識探索，價值建立，抑或是幫助年輕人學習如何生活？**

以就業機會和發展做為選擇基準的思維，在四、五十年前應該還說得過去。大學所學的知識與技術，畢業後可以使用好些時日，甚至運氣好的，可以一直用到退休。世界發展的速度不快，加上台灣還未真正進入世界發展的洋流，發展的速度就更緩慢了，這對「學以致用」有極大的優勢。

但進入二十一世紀，尤其人工智慧（AI）進入市場後，預估十年內將會有百分之五十的工作被電腦取代，而且大多是所謂的「鐵飯碗工作」，因為這些工作都有重複性高以及高度依賴記憶的特色。例如：股票交易、保險、銀行、仲介、廣告、醫療、美圖，各種領域只要夠數位化，都很容易被取代。弔詭的是，數位化往往是各行各業正在積極導入的。

高等教育的工具化與功利化，已經是多年來討論的問題。企業常常談起，社會新鮮人除了專業能力不足以面對現今的需要外，他們的溝通、抗壓、主動學習以及堅守承諾的價值與能力，經常不如期待。大學教育的目的以及教育內容和其比重分配，應該有深度的檢視和調整。宏碁集團創辦人施振榮先生在二〇一三年提出「台灣是個半盲社會」的觀點，頗能貼切說明目前社會的問題。

社會過度強調：直接、有形與現在的三個面向，忽略了間接、無形與未來的重要。一個過度現實與短視的社會，很難有長期發展的規劃。社會是由人們所組成的，社會形成的狀態與氛圍，實際上根植於人們是否有長遠的眼界與胸襟而決定。於是在高等教育必須要面對以及構思如何培育下一代能強化與平衡、直接與間接、現在與未來、有形與無形的內涵與眼界。

面對這樣的未來，教育的真正的目的和任務應該是什麼？對此，我們提出的回應是：**最重要的教育任務就是，培養年輕人學習思考，學習如何有效的行動，喚醒關懷的情懷，學習如何與人合作創造更好的未來。**

學習「如何學習」，學習如何跳出「我」的狹隘，進入「我們」的廣度。年輕人都應該經由服務的實踐來加強自我價值的肯定。

何謂博雅教育？

博雅教育的原文是Liberal education，也可以說是「自由人的教育」、或「宏通教育」。這個概念正式出現於羅馬時代，當時指的是「適合於自由人、而非奴隸的教育」。但它同時也蘊含著「培養通達智能、而非專門技術」的意義，有別於奴隸的技術訓練。

直到古羅馬哲學家西尼卡（Seneca）出現，才開始改變了liberalis（自由主義）的意涵，使之由「自由公民出身」轉變成「使人自由」的意味。於是，「自由教育」的目的，變成「使學生成為具有自由心靈的人」。接受過自由教育的人不僅知道如何主宰自己的思想，也能對所屬社會的規範與傳統，進行批判性的省思。

在古羅馬時期，文法、修辭與辯證，

是教育的核心，被稱為「三藝」（Trivium）。至中古時代，它的範圍被擴大到包括算術、幾何學、音樂以及天文學，稱之為「四藝」（Quadrivium）。三藝與四藝合稱「人文七藝」（seven liberal arts）或「自由七藝」，是中世紀大學的主要科目。

現代博雅教育、書院教育與大學教育的主要差異

所有的「學」都得基於主動，基於學生自己的「選擇」。我們可以輔導，可以激勵，但是必須尊重。尊重學生的選擇權，是大學教育中的一個核心精神，但必須要先幫助學生擁有選擇的內涵與能力。

書院教育必須和一般的大學教育有明顯的區隔。過去的教育證明，大學教育對於未來需要人才的培育是不足的，如果足夠，就不會有書院的出現。書院的存在正指出了過往大學教育的盲點——過於強調專業化。宏通的部分僅由一些缺乏結構設計的通識課程，讓學生隨意選擇，來滿足畢業要求。整個教育的過程充滿了「教」的思維。我們再三強調，「學」才是培育人才的關鍵，尤其是培養「宏通人才」的唯一方法。所以如果把書院通識化，也就是書院教育只有知識的強化。我們只不過是用原有的方法解決原有的問題，而問題的根本並未解決。

從二〇〇八年國內三所大學（東海、政治、清華）開始推動書院教育以來，十年過去，「博雅」一詞逐漸通泛化，缺乏清楚的定義與評量方式。現在中國內陸的大學也風起雲湧地推動「書院教育」，從一個小的書院，到全校覆蓋的推動都有。當「書院教育」成了一個普通名詞時，博雅教育的認定就浮現極大的差異。我們都知道，當教育變得「商品化」時，教育的品質與理想性就產生危機。一旦危機成為常態，這種教育就失敗了。

以現在的狀況來看，一般大學推動博雅教育可能有三個層級。第一個層級是最普遍與基本的「通識課程」。有的學校會往上推到第二個層級，比較大規模的推動一些有別於通識課程的整合型計畫，如東海大學的「α leaders」；少數學校會推到比較精緻的上層——培育菁英計畫，如東海大學的「博雅書院」。

我常舉一個爬山的圖像為例，高中畢業生剛進大學時，如同在山腳平原上行走；四年後，學生畢業時，我們期待他至少能有爬到一千公尺的能力。如果他畢業時，還是只能在平原行走，那就是教育的效能不彰。藉由第二層的教育，有的學生在畢業時，有爬到三千公尺的能力。至於第三層的教育，就希望學生畢業時有能夠爬到五千公尺的能力。這是他在大學教育裡所培育的品格與能力，他可以在畢業後發展的方向上善加運用。

當然，博雅書院努力做到培育學生能爬五千公尺高度的能力。問題是，當統稱為「博雅」的時候，大家就會傾向用一種水平的角度來看問題，而不太釐清一千公尺、三千公尺、五千公尺在教育上「高度」與「強度」的差別。

聊天時，常常有人說，現在的學生不如以前的學生。但我觀察現在學生的程度與能力相較於過去學生差異不大，主要差別在於「態度」。好比賽跑，過去學生會在起跑線上準備好，鳴槍起跑的剎那，人就衝出去了；我們只需平時訓練他的體力和技巧。但現在的學生，在鳴槍時，很多人還不在起跑線上——有人可能還在穿鞋、有人在找鞋、甚至有的人還在寢室睡覺。大學老師學得一身本事，原想一展所長，訓練學生跑得快跳得高，但現在最大的精力是耗在「叫學生起床穿鞋」，這是許多老師逐漸失去教育熱忱的部分原因。

現在的教育可能不能再以誰跑得快、跳得高，來做為單一標準。因為衡量未來的成就與貢獻，「跑跳」不是唯一的項目。老師必須意識到，學生更大的問題是，**能否思考與選擇自己天賦的項目**？因此，如果教育的目標都是「培育人才」，博雅教育和一般教育的差別應該是，我們從不刻意強調經過博雅教育的學生在社會工作的職位能爬到多高，薪水有多少；那是天花板式教育。我們一直認為，**博雅教育是地板式的教育，強調的是基本素養、邏輯思維、行動能力，價值觀等基本能力與態**

度。有了穩固的地板，他們可以據此往上躍。只是這個地得有一定的高度。

香港大學退休副校長程介明教授認為，**一所大學最重要的幾件事，第一是讓學生學習思考，第二是讓學生能夠選擇，第三是準備一個讓學生的思考和選擇能夠實踐的系統和環境**。

博雅書院正是從事上述的三件事。但是，現在的學生不太習慣思考，自然也無從選擇。所以我們的教育必須訓練學生思考，提供學生選擇的機會和練習，以及輔導他們接受選擇後結果的勇氣和堅持。

東海博雅書院的核心價值

如果要談培養「雅」的方法，以博雅書院為例，有各種「跨領域」與「生活價值」的演講、體驗教育、生活學習、晚餐會、跨領域的讀書會、師生之間的交流等，都是屬於「雅」的規劃和努力。一般課程大都強調「教」，但我們重視年輕人的自我價值認知和社會責任感的提升，充分的知識、服務學習、體驗教育和典範的跟隨，是提升自我學習的方法。有了自我學習，「雅」才不會遙遠。前述這些在現今的大學都屬於「非主流」設計，然而這些才是「博與雅」的價值所在。東海的教育理念是培育宏通的人才，這是東海博雅書院的價值。

求生存（肉體溫飽）進而改善生活的品質，以及追求個人與群體的幸福與快樂（精神提升）是教育的基本目的。要達目的，就如登山，背包裡有必要的裝備，以及個人必須要有足夠的技能，才能確保登山的安全與順利。

博雅書院希望學生開始攀登他自己人生的那座山時，在他的背包裡應該有的裝備是：

✓ **學術與技術**：對人文與科學的了解與對技術的掌握，了解世界運行的道理（思想和學術），進而應用這些道理來提升生活的品質。

✓ **倫理與道德的理解和實踐**：了解提升的目的，不只是造福自己，更是應平衡的造福眾人和萬物。否則所造成的總體傷害可能會遠大於所獲得的私益。

✓ **美感**：生活除了物質外，更有精神的層面。學習對美的體驗與感受，是人們快樂的重要泉源。

✓ **經濟概念**：如何有效使用有限的資源（金錢、時間、注意力、體力等），來達到以上的目的，是現今知識時代必備的觀念與能力。

✓ **了解與價值**：經由教育的過程，我們會更了解自己的價值與他人的價值，進而產生對未來的期待與責任，於是「期待」與「創造力」將油然而生。

前面說過，「博雅」兩字，各有許多的定義。其中一端：博是廣博，雅是優雅得宜。這是個結果的境界，我們認為博雅是一生追求的目標。在教育單位，我們的目的是播種、發芽、長成小樹。形成根深枝茂，是需要長時間的努力與追尋。**於是啟動與啟發，養成終身學習的態度**，是博雅書院的教育重點。在四年的教育，我們幫助學生培養出「客觀的高度好奇心」，開始走上博的追尋之路，能夠養成「平衡、正向」的態度；遇事能冷靜思考，秉持邏輯與對萬物的關懷，能豐富待人處世的智慧，邁向雅的人生經營。

博和雅

在現代社會中，「博雅教育」被認為是一種人的通才素質教育。但細究「博雅」，這個名詞指的究竟是什麼？

東海大學博雅書院的第一任書院長，劉炯朗院士給過一個很好的說明：「博，就是要培養每一個人有廣博的知識，廣泛的興趣和寬廣的視野。雅，就是要培養每一個人有優雅的品味，雍容的氣度，和高尚的情操。」

大家對「博」的看法似乎比較一致——「廣博」、「多」、「廣泛」、「不偏食」。欲「博」，則必須有一定的本事，語言、領悟、記憶，都是「博」的基本功。「博」是種「自由」的概念。隨手拾起一本書，就能讀懂其中興味，這是一種自由。當然，自由是需要付出努力的代價才能擁有的。

對「雅」，大家的看法就比較廣泛了——「優雅」、「不俗」、「輕柔」、「不急躁」、「微笑」……但這大多是種感受，是結果的說明。那麼要如何才能「雅」？要談方法，就不能不談結構。我的看法是，「雅」是平衡，是態度與能力，是如何均衡地連結「博」的態度與能力。

若把「博」視為許多的知識與能力的點，「雅」就是連結這些點的關係。因此，「博」是元素，「雅」就是連結的結構。同樣是飽學之人，卻給人有種截然不同的感受，這便是各人在「雅」上的修為。

以教育而言，「博」具體落實在各種知識化成的課程和讀物；「雅」就是課程與讀物之間的關係與結構。這些關係與結構有時可以教，但大多數都得經過「自己主動學」。這是東海大學博雅書院強調除了主課程以外，還必須要有許多活動設計的原因。聽演講、動手做、親身體驗，有體驗的學習是得自己學，這種結構與內容的結合，才能產生自我覺察與價值的建立。

在「博」，或許考試和外在要求，就可以達到一定的程度。但「雅」，如果沒有啟發、體驗、進而產生主動的態度，就很難能達成了。所以當今一般的學習模式，可能培育一些「博」士，但「雅」士大多是自學的。無「博」，難「雅」。有「博」，但也不一定「雅」，這是不同的功夫。

國際與台灣在博雅教育設計與運作的差異

Liberal Arts Education有時翻譯成「文理學院教育」，我們稱為「博雅教育」。前面說過，這個教育的概念從希臘時代開始，當時因為社會階層的背景，是強調「自由人」的教育。現代已經沒有這種環境，所以也就沒有所謂「自由人」與「非自由人」的教育差異。現在只有學生是否努力讓自己成為自由人的教育。我常和學生說，如果英文和古文的能力不夠，他們就很難是自由人，因為他們難以體會文明中的美。希臘時代，「非自由人」沒有受過教育，現代人因為努力不夠，難以體會文化的美與善。雖說原因不同，但結果相差不大。

Liberal Arts Education在國外，尤其是美國，大約可以分成兩種系統。一種是所謂的Liberal Arts Colleges（文理學院），學校是以文理為主的大學部教育，人數約為四千到六千人左右，強調扎實的基礎通才，小班教學與跨領域學習。這類有名的學校如阿默斯特學院（Amherst College）、波莫納學院（Pomona College）、斯沃斯莫爾學院（Swarthmore College）、衛斯理學院（Wellesley College）與威廉士學院（Williams College）等。不少近代的名人都出自這類學校。很多人是在文理學院完成基礎的教育後，再進入大型的研究型大學完成研究所的學位。這些學校的共同特色是，都有優美的校園，小班的教學，親密的師生關係。

教育不應只是職業的訓練，應當強調品格養成，思想塑造以及關懷人與自然的教育。如此就必須遠離塵囂，有個美麗的校園，師生大部分時間都在校園內，形成一種緊密的社群結構，專心學習。於是教育就不只是知識，更是人與人的互動，用生命影響生命的過程。什麼樣的教育就會塑造什麼樣的人才，這是再真切不過的道理。

另一類的系統，是在大型的大學內，建構一些小型文理學院的模組。許多時候，都是利用「住宿學院」（Residential College）的方式進行。例如著名的哈佛大學內的哈佛學院（Harvard College）、哥倫比亞大學的哥倫比亞學院（Columbia College）、耶魯大學的耶魯學院（Yale College）等，這些學院都維持著扎實的基礎通才與小班教學的特色。差異在於除了住宿學習外，他們都用大學的前二到三個學期來進行基礎通才教育，專業教育在比較高的年級進行。這樣的教育需要學校的統籌規劃，對教育的堅持以及各專業系所的配合，給學生一些基礎學習的時間與空間。當奠立了好的基礎後，將來在專業學習時，也不阻礙他們在通才的培育與發展。

相對的，在台灣這兩種模型都很難實現。台灣的高等教育太強調專業，以至於各專業系所獨自的發展，成了「重專業輕通才」的教育模式。各校的通識教育很難成為重點和特色，更遑論教育不是只有知識，更有實踐與態度的養成。這樣的發展不能說都是因為教育系統的問題，而根本的肇因在社會的認知。當一個社會過度強調經濟發展時，人文、價值與未來的思考，在教育裡的分量當然被輕忽。在高度競爭的高等教育體系裡，需要有超乎尋常的理想性，才能推行「博雅教育」。東海大學從創校起，就秉持博雅教育的理念，相對的，推行博雅教育就顯得「自然」多了。

然而全校性的、或是水平式的博雅教育模型，在台灣因為社會對專業的要求與各系對專業的堅持，以上兩種模型都很難實行。我們唯一的機會是「經緯式」的博雅教育，也就是專業教育和博雅教育並行。這不是理想的方式，因為學生經常處於拉扯與重負荷的情境下，所以這種教育模型的設計就極為重要。如何啟發學生的學習意願就成為關鍵。東海大學的博雅書院，也就形成高等教育在華人地區的特殊模型。根據十年的經驗，測試與修正，也就成了一個值得參考的可行模型。

博雅書院不是菁英教育，是菁英養成教育

中研院院士金耀基先生曾說過：「通識是整合的知識」，而博雅教育的目的是「整合的人格」。於是博雅教育就不會只限於知識，或是說狹隘的開設課程。知識可以藉由「教」而達到某種程度，但「整合的人格」就必須是大量的「學」和「實踐」。博雅書院的重點在啟發式思想的「教育」而不是專業的「訓練」。

有些人認為博雅書院是菁英教育，我們不能完全否認。只不過，我們從來不是選擇菁英而教之，博雅書院是在思考如何能把學生培育為未來社會菁英的教育。換言之，博雅書院的教育是「菁英養成教育」，而不是一般的「菁英教育」。

我們強調廣泛「知識」的接觸與學習，「實踐」能力的培養與落實，以及養

成與萬物為善的「態度」。期待師生們能在書院的環境中，擴大視野與胸懷，關懷社會與世界的永續發展。

學生的積極和正向的態度，以及對自我期許的堅持力，對學習極為重要。有了自我認知的價值，他們才有機會被激勵，才能夠主動創造自己的未來，進而能服務與協助社會。博雅書院關心的是，學生未來的發展和願意貢獻社會的態度，不是當時申請書院時的條件。我們評估學生申請的資格，並不考慮指考和學測的成績。

這就好比我們陪伴一群學生去登山，能登多高，是他自己平時的鍛鍊與登山時的堅持。但我們教育者的任務是：激勵他們，教他們登山的知識，調整體能，準備裝備，養成危機處理的能力。在他們畢業時，把他們帶到登山口，為他們祝福，看著他們走向自己的登峰之旅。書院強調的是，幫助學生**養成終身學習的能力和態度**。希望將來他們登頂後，能夠關懷社會，關心自然，加入與支持教育的行列。就像東海早期的校友一般，登頂後，經由各種方式，繼續支持與協助學校推動理想的教育模式。

但教育總得把目標說清楚，或是能清楚描述教育過後的學生所應該有的「特質」。如前面提過，東海大學博雅書院的教育，不只是達到通識教育「整全的知識」（unified body of knowledge）的目的，更是著眼於培養「整全的人格」（unified personality）的目標。於是除了知識，更強調實踐的落實與態度的養成。

我們期待學生能養成以下的態度與能力：

- ✓誠實，尊重自己與他人（Honest, Respect others and self）。
- ✓主動積極，正向的態度（(Pro-active & Positive)。
- ✓自我醒覺與堅守承諾（Self-awareness & Commitment）。
- ✓有人文與科技的素養（Humanity, Science & Technology）。
- ✓有享受學習，生活與美的能力（Enjoy learning, living and beauty）。
- ✓有分析與解決問題的能力（Analysis and Problem solving）。
- ✓養成領導與被領導的團隊態度（Being a Team Player）。
- ✓接受挫折與繼續奮進的毅力（Endurance and Persistence）。

現今一般大學生的學習模式，很難由知識進入實踐，然後養成態度。當提出大量閱讀的需求時，有相當部分的學生會產生挫折感，然後轉身離開。教育的目的，是鼓勵嘗試，不是讓他們產生挫折感。根據過去多年的經驗，藉由自主性專案的提案與實踐，產生自我知識的不足感，於是學生們會主動尋求知識，然後強化專案的品質，而好的品質就強化了自信與勇氣。經過幾個實踐與知識取得的循環過程，學生能夠感受到知識的實用性。與知識的距離縮短，然後才會滿懷企圖心與勇氣，願意勇敢的探索未知，提高自我的期許。這是多年來，我們所觀察到的現象與發展出的教育模式。

第一部

東海博雅書院的經驗分享

啟動
東海博雅書院的成立

二〇〇七年，我擔任東海大學國際教育合作室主任的時候。有一天程海東校長約見我，交給我一份文件，交辦整理出一份英文版的捐款合約書。那份文件的主題就是「博雅書院」。

翻譯成英文並不是難事，只是要將幾頁的概念整理成一份合約的內容，就必須先清楚了解文件中所敘述的概念和一些評量指標與里程碑。

何謂「博雅」？何謂「博雅教育」？何謂東海的「博雅書院」？我們倒是花了一些心力蒐集資料，汲取國外的博雅教育經驗，也絞盡了腦汁。大約整整一週的時間，我與國際教育合作室的夥伴林淑卿女士埋首在整理和編譯這份文件。完成後交給程校長，我接著忙於其他事務，「博雅書院」就這麼從工作清單中註記「完成」。

直到某一天，「博雅書院」再次出現了。

印象很深刻，那是除夕夜晚，我與家人陪母親在三芝用完年夜飯，準備載著家人返回台中。往常我們都從淡水方向上高速公路，但那天一時興起，改走濱海公路。皎潔的月色，路上往來的車子不多。駕車沿著蜿蜒的海岸線行駛，經過萬里、金山，車燈沿途照亮海邊的路和關閉的店面。這時手機突然響起，是程校長來電。電話的彼端說他人在香港，我很訝異，校長在除夕夜撥越洋電話給我？他說他和東海第三屆的傑出校友賈培源夫婦在香港，剛吃完年夜飯。賈學長剛剛交給他一張支票，那是第一張博雅書院年度2/3預算金額的支票。

經費到了，我們要幹活了！

啓動，種下一顆種子

年假結束後，程校長召開一級主管的會議，宣布將開辦博雅書院，要決定由誰來規劃與籌備。面對這個問題，大家都安靜不語，我當然也不例外。當時的蔡禎騰副校長提議，合約書是誰準備的，可能那位比較清楚與適合籌備。我已經事務繁忙，當然意願很低。但坐在隔壁的王崇名老師卻自告奮勇願意和我一起籌辦博雅書

程海東校長、賈培源學長

院。不意外的，大家都同意，於是我們正式接下了籌備「博雅書院」的任務。

我們持續取經國外歷史悠久名校的博雅教育模式，也回顧了東海的早期辦學經驗。東海於一九五五年創校時，就是一所博雅大學的雛形。和現在面積相同的校園，全校學生人數不超過八百人。學生在學的四年都需住校，宿舍內的室友大多是不同專業；老師也住校。校園到市區交通不便，師生長時間在校園內運動、讀書、相處。理工專長的學生要學音樂、人文、社會。人文社會專長的學生也要學物理、化學、生物。全校學生都要勞作，校長與老師們也一同整理校園。學生也自主性的創立了許多創新與服務性的社團。「工作營」就是當時塑造學生關懷社會與培育僕人領導特質的重要社團。「東風社」是培育學生關鍵性思考以及敢於表達的學生刊物。學校的包容與開明態度，也是造就有遠見、能力與關懷社會的學生所必須有的重要條件。

我們請教了多位早期的校友，如中央大學劉全生校長、杜維明院士、許文雄教授，以及澳洲新南威爾斯大學的陳立業（Sammy）教授等，開始一步一步地構思與設計，讓博雅書院具體化。此外，我們也積極尋覓參與書院的老師，準備階段有王崇名老師、陳以愛老師、伊志宗老師和許恆嘉先生等參與。同時我們也招募許多「第0屆」的學長姐，帶入文學、社會學閱讀與辯證的風氣，透過老師與研究生帶著第一屆的同學一起讀書，整體書院的閱讀與討論風氣很盛。廣泛的閱讀，一直是書院很重要的學習氛圍。

偶爾我會自己問自己，一個東海第二十二屆畢業，學工業工程專業的學生，究竟為何與博雅書院有這麼多的連結？答案可能一生都難確定，但我相信人生有許多的因緣際會，也有許多的蛛絲馬跡。

當我還是個大學生時，有一次我從學校郵局代辦所領出一大件包裹，好些同學都覺得我不可思議，因為那是一整套世界文明史，可能有三十八冊吧。我用當家教打工存的錢購入的，真是所費不貲。當時室友都覺得這套書「有趣」、買書的人「有問題」。那套書裡，部分回答了我，世界是如何變成這個樣子的好奇。記憶中我沒能讀完，但那部書在年輕的身上埋下了一顆冬眠的種子，在人生合適的季節，機緣與資源到位時，有機會開始發芽。

初心與教育理念

如果把目前傳統的教育視為「成就我」的概念，**東海博雅學習就是幫助學生了解「除了我之外，還有我們」**。而博雅書院的教育，除了我和我們之外，還要「養成謙虛與萬物為善的態度，和培育能夠服務的能力」。這些能力和態度很難在教室裡教導，也很難經由課堂考試來確認。只有經過學生願意學習，不斷實踐，不斷修正，才能形成價值和養成態度。所以我們強調的是自發性的「學」，而不是被動式的「教」。

博雅書院的教育，除了強化學生知識的深度，思考的清晰和實踐的能力外，更終的目的是幫助學生建立正確的價值觀和態度。從現在、直接、有形的角度來看，傳統教育可能可以成就個人。但從社會、國家與世界的角度來看，我們需要培育能夠同時兼顧未來，間接與無形的領導人才。於是，從我到我們，再到謙遜的我，是博雅教育的努力方向。

這也是我們提出「從I到WE再到i」（I→WE→i），這樣概念的意義。

因願助學

博雅書院提出的教育理念是「因願助學」，因為不是每位年輕人和從事教育的工作者都願意擁抱這樣的意義。書院是申請制，只要有高的意願（經歷申請與甄試的過程），願意承諾努力學習（慎重自己的承諾），不浪費大家的愛心、期待與資源，書院就給予機會，幫助這些有意願的學生去學習。

從某個角度來看，博雅書院提供一份獎學金。只是這份獎學金不同於一般的獎學金。一般的獎學金是獎勵過去學習的成果，而博雅書院的這份獎學金是提供給願意學習的學生，來進行未來的學習。於是願意堅守承諾就非常重要。

願意承諾，我們就給予協助。一個非常理想的概念。但教育不就應該是根植於一些崇高的理想才有它的前瞻性嗎？「因願助學」是東海博雅書院對教育的理念與態度。

學習理論與教育設計

任何事情的啟動，總是有個狀態。等狀態成熟了，就需要階段、步驟和執行的內容與方式。但要如何進行才會有成效？什麼事做對了，成效才能確保？學習有理論嗎？

學習的歷程到底是什麼形式？要設計一個教育的系統，必須先對學習的基礎行為有些了解。一般來說，學習的行為類似於S曲線（如圖一）。

持續做一件事，隨著時間漸長，表現開始出現，然後經歷快速成長期，最後到達瓶頸。這條曲線我們稱為「成就曲線」。

然而每個人的資質不同，成長的速度差異以及到達的「巔峰」程度不同，如圖二，學得快的人，最終成就未必比較高。

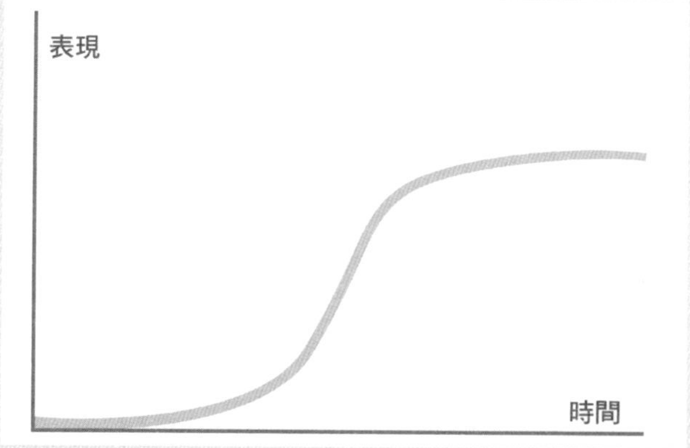

圖一 學習成就曲線

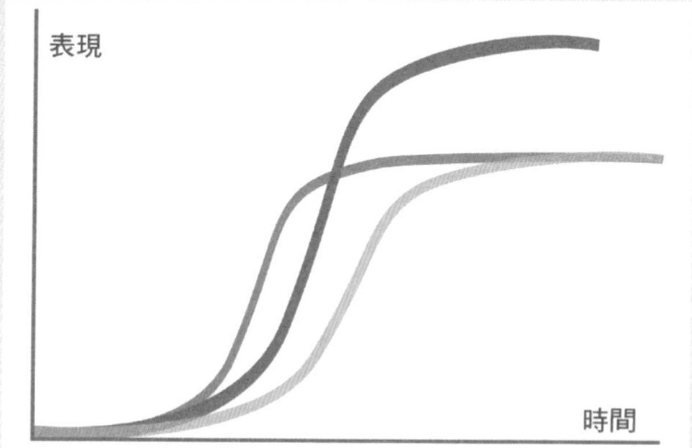

圖二 不同人有不同的學習成就曲線

但我們常常遇見的問題，不在於成就的高低，而是沒有成就。從另一個角度來看，為什麼在沒有成就時會開始學習的歷程？也就是說，我們得想想為什麼會有一段沒有成就、但還會開始、而且持續一段時間的學習？（如圖三）

一定有一種力量趨使我們在沒有成就感的條件下學習。

我在大學時，曾幻想在星空下的營火晚會，彈著吉他，哼唱一曲，吸引許多女孩子仰慕的眼神。當時想到這，就迫不及待地去買把吉他，開始走上「吉他王子」的幻想旅程。幾個禮拜後，換來的是小蜜蜂旋律下，疼痛的左手手指。再想想自己應該試著當「王子」，吉他的部分就省了吧。我想應該有不少人，有過類似的經驗。

「吉他王子」的幻想，支持我開始了一個沒有成就的學習旅程。學習旅程中，除了成就曲線外，一定還有一種力量讓我們開始這個旅程，只是有的時候能夠延續到產生成就，但很多時候撐不到成就出現。仔細的考量，一定有一條隱藏的「好奇與期待」曲線，而且這條曲線會隨著時間快速的衰退。（如圖四）

這就解釋了，為什麼我們總是會試著學些樂器，試著學跳舞，試著健身，試著減肥……。但為什麼經常我們都半途而廢？根據這個理論，應該是因為好奇曲線完全消失時，成就曲線尚未出現。（如圖五）

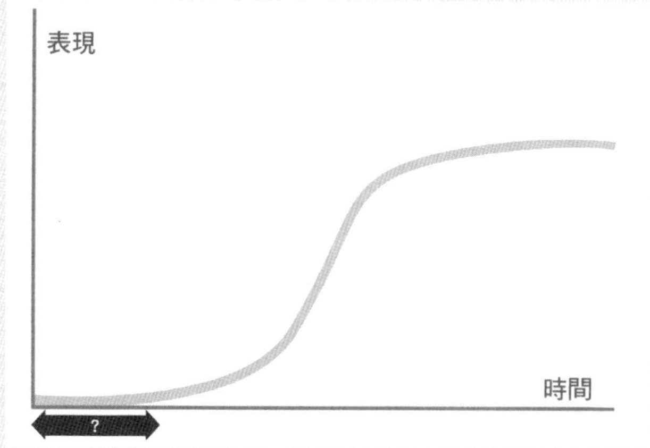

圖三 沒有成就的持續

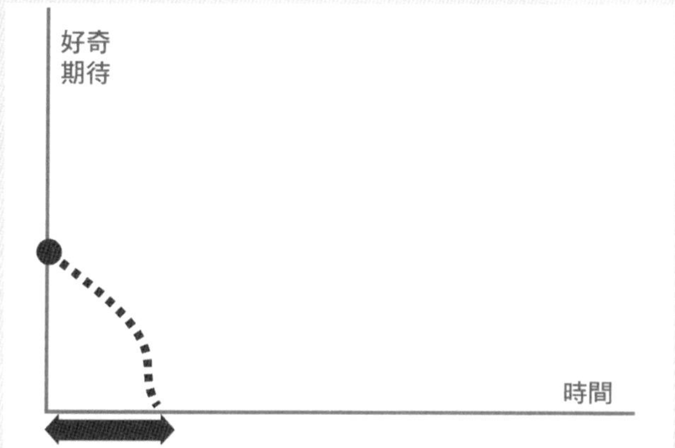

圖四 好奇與期待是沒有成就下持續的原因

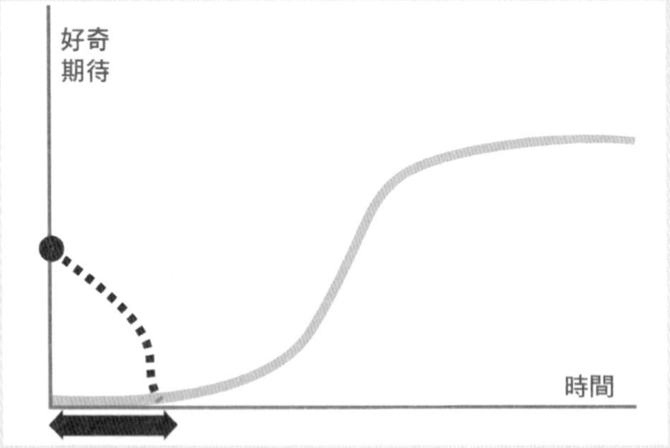

圖五 好奇與成就沒有交會

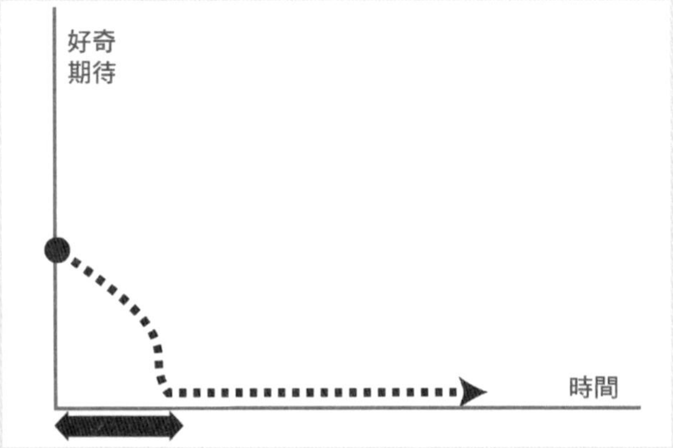

圖六 曾經嘗試過很多事，但都沒有成果

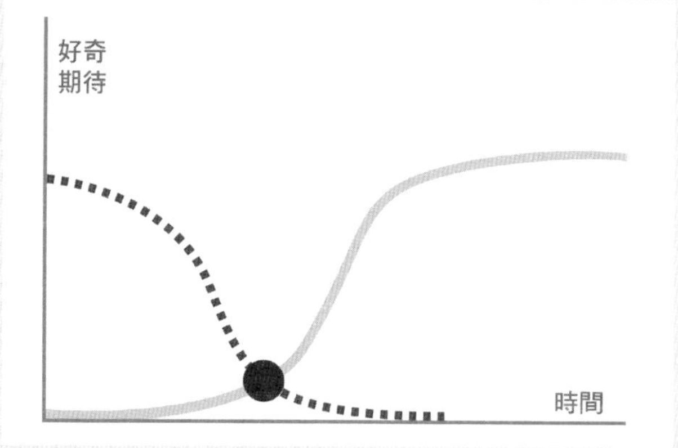

圖七 當好奇與成就在空中相會

當這種狀況出現時，我們很快會放棄我們本來在做的事。我的例子就是把吉他收起來，把吉他王子的念頭拋在腦後，轉向去找其他吸引我的新點子。我們常說的「三分鐘熱度」不就是如此？好奇曲線常常下降的飛快，但成就曲線爬升的卻相對緩慢。當這種情形發生時，我們的經歷就是熟悉的「虎頭蛇尾」。想想從小到大，我們買了多少樂器？試著學過多少東西？健身和減肥的計畫開始了多少回，怎麼都沒成功？（如圖六）

但我們也有許多事，做的讓自己也很滿意，而且完全無需勉強就能持續的做，有時還邊做邊得意。一般來說，這種情況都是在好奇曲線觸底

前，就碰觸了成就曲線。（如圖七）

當兩條線在空中交會時，學習的行為在**前期由好奇驅使**，**後期就由成就驅動**。這就說明了成就前都會經歷一段辛苦的階段，但總會含著眼淚收割。（如圖八）

回頭想想，是「虎頭蛇尾」的機會多？還是「含淚收割」的機會多？我想我們共同的經驗應該是，前者的比例高太多。於是要建立一個有效的學習系統，就得想法子讓兩條線交會。

現在在部分特定的工作，藉由資訊與自動化的工具，我們能有效的將成就曲線往前挪。但在一般的學習，還是由每個人的特質來決定。要讓兩條線交會，只得在如何減緩好奇曲線下降下功夫。

如果我們能讓好奇曲線的起始點更高，下降的速度更緩，我們就有很好的機會，讓兩條曲線在空中相會。（如圖九）

當兩條曲線相會時，後續的學習就成為自發性的。博雅書院的設計重點就在如何**提高好奇曲線的起始點與延緩下降的速度**。至於如何做到這些點，我們就需要仔細的思考與設計。

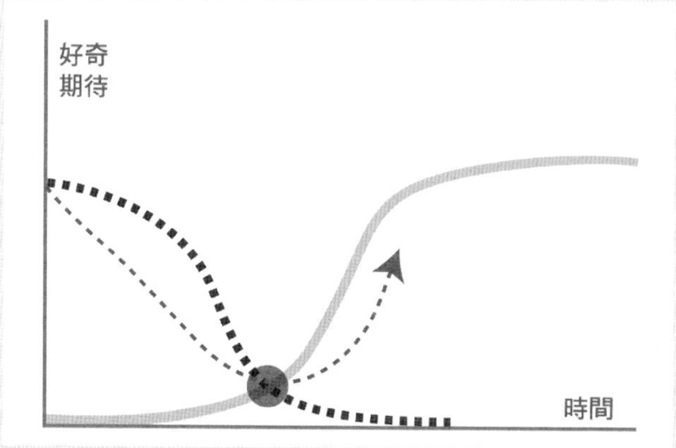

圖八 由成就拉動的學習

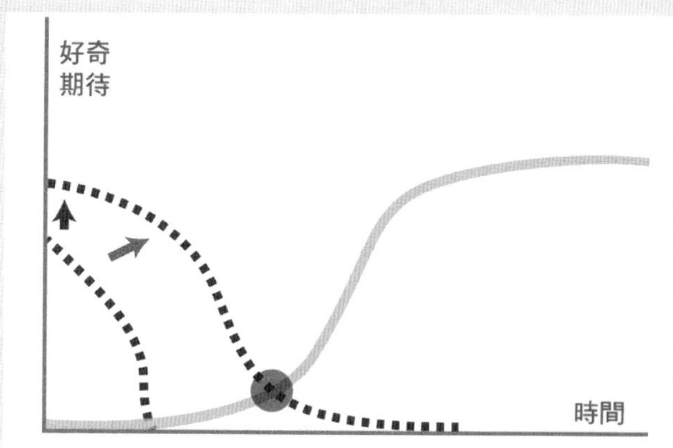

圖九 關鍵是如何減緩好奇曲線的下降速度

博雅書院的教育設計

第一階段是啟動。這是「推」（Push）的概念。所有書院生都必須滿足書院所設定的要求與規定。物理學上告訴我們「靜」摩擦會大於「動」摩擦，所以得讓整個系統先動起來，「推」是制度上的「必要之惡」。按照預定的模式動起來，這個模式可能不是最好的，但沒有啟動就沒有未來的改進。

初期的設計讓書院生開始注意「**要做什麼？**」，開始做後，**產生質疑**是極好準備進入第二階段的動力。

第二階段是啟發。這是「拉」（Pull）的概念。進行了一陣子，書院生會產生「**為什麼要做這些？**」的質疑，於是協助書院生了解與體會「做這些有什麼意義與幫助？」就非常重要了。

書院的教育設計，是開始於**推動**（Push）的模式，快速轉換成**拉動**（Pull）的模式。最後希望由終點端（清楚的意義，purposeful）來**加速**整個教育的轉動。

現階段的教育大都是屬於「餵食」的模式。重覆的精進課程設計，強化教學模式。然而，如果學生的學習誘因不被激發，所有的努力將很難產生成效。於是除了設計好的課程與內容外，如何**啟動學生自主性學習**，進而**養成終生學習的習慣**，是書院教育模式的重點、大挑戰，也是成敗的關鍵。

換言之，如何將「餵食」的模式轉化成「獵食」的能力和態度，是博雅書院教育模式不同階段的規格需求。

二個策略

根據系統設計的基本步驟，我們得先定義「系統的使用與參與者」。參與書院教育的直接「**使用者**」，可從第一期的：書院生、家長、導師、關心書院發展的人士。這是「推」的模式中的主要參與者。

擴張成第二期的：書院生、家長、導師、關心書院發展的人士、媒體、政府，以及將來聘僱書院生的雇主。到了第二期，我們必須將「推」的力量，轉變為「拉」的力量。其中**「企業界的認同」可做為拉式動力的主力之一**。

終究，經過高等教育培育後的學子，還是必須進入社會服務。學生是書院教育的主體對象，然而家長對十八歲年輕人的就學選擇仍有決定性主導權，**於是如何強化學生及家長願意投入書院的教育，是個重要的關鍵因素**。

於是，**策略一（加強環1）**：訪問企業說明書院教育的目的，以及塑造企業需求的員工特質，尋求認同。

策略二（加強環2）：發展社會認同，提供媒體正向而且有報導性的資訊，幫助大眾了解書院的教育。

而其餘「使用者」的聯繫與支持，可視為輔助動力。書院生有了積極性，就容易主動，就容易有成效；相對的，家長會安心，導師會有成就感，媒體會有興趣，企業會願意聘僱；於是未來的書院生有了盼望，就更願意積極學習。

書院教育與培育社會和企業界所需人材的連結，將是未來發展的主要項目。自古以來，有盼望是願意「吃苦耐勞，堅忍不拔」的重要誘因。

博雅書院教育模式的系統因果圖

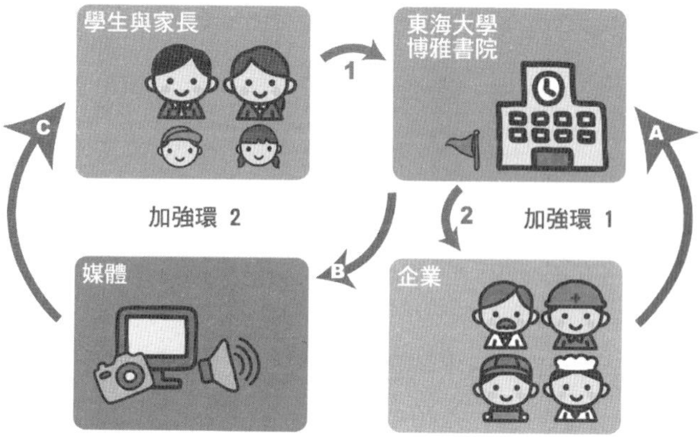

1: 學生願意進入書院

2: 企業界願意接受書院畢業生

A: 企業界期待的員工特質

B: 提供媒體正向與值得報導的訊息

C: 家長與學生接收書院的訊息

博雅書院的四年學習內容規劃與設計

博雅書院的教育，希望學生具備的特質是：

- ✓ 了解世界運行的道理（思想和學術），進而應用這些道理來提升生活的品質。
- ✓ 了解提升的目的，不只是造福自己，更是應平衡的造福眾人和萬物，否則所造成的總體傷害可能會遠大於所獲得的利益。
- ✓ 追求快樂與幸福。除了物質外，更有精神的層面。學習對美的體驗與感受，是人們快樂的重要泉源。
- ✓ 如何有效地使用有限的資源（金錢，時間與注意力等），來達到追求快樂與造福人群的目的，是必備的觀念與能力。

✓經由教育與學習的過程，我們會更了解自己的價值與他人的價值；進而產生對未來的期待與責任，於是「期待」與「創造力」將應運而生。

根據這些教育的方向，我們設計了以下的學習歷程。

三個階段的學習歷程

博雅書院生在書院的學習分成三個階段：適應期（大一上），基礎培育期（大一下，大二以及大二升大三的暑假），展翅期（大三，大四）。

一、適應期（大一上學期）

書院生在大一上學期時，一方面需要時間適應大學生活，二方面學生所屬的各系、系學會與社團都有許多的迎新活動。在剛剛進入書院，對書院教育尚未了解以及向心力尚未形成之初，書院生常常因為時間的衝突，要參加書院的課程，或是要參加其他的活動而困惑。導師們也輔導的辛苦。因此，我們將書院生的第一學期設計為適應期。

這段時間，書院生的心態與時間是拉扯的。書院的課程時間為星期二、三、

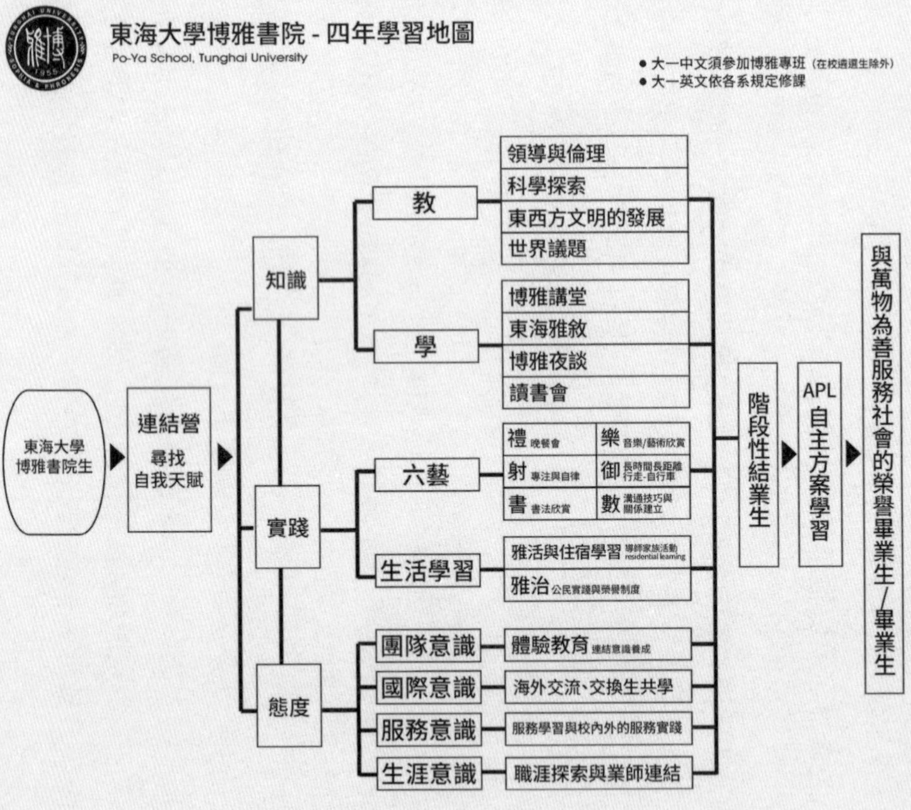
東海大學博雅書院 - 四年學習地圖
Po-Ya School, Tunghai University
● 大一中文須參加博雅專班（在校過渡生除外）
● 大一英文依各系規定修課
東海大學博雅書院生
連結營
尋找
自我天賦
知識
教
領導與倫理
科學探索
東西方文明的發展
世界議題
學
博雅講堂
東海雅敘
博雅夜談
讀書會
實踐
六藝
禮 晚餐會
樂 音樂/藝術欣賞
射 專注與自律
御 長時間長距離行走-自行車
書 書法欣賞
數 溝通技巧與關係建立
生活學習
雅活與住宿學習 導師家族活動 residential learning
雅治 公民實踐與榮譽制度
態度
團隊意識
體驗教育 連結意識養成
國際意識
海外交流、交換生共學
服務意識
服務學習與校內外的服務實踐
生涯意識
職涯探索與業師連結
階段性結業生
APL 自主方案學習
與萬物為善服務社會的榮譽畢業生/畢業生

四的晚上七點半到九點半，地點在博雅書院的習齋。星期一晚上的時間，則以安排「講堂」為主，邀請知名人士的大型講座；或是安排比較小規模的講座「雅敘」，請老師或畢業學長姐來分享他們經驗或故事。

年輕人的體力不是問題，但是「選擇」是個大功課。是要參加書院的課程？還是去參加同學的聚會、社團的活動？家族的凝聚力和對書院教育理想的認知，不只是非常重要，更是要能確立書院學習在生活中的排序。

◇導師與家族制度

大一開學時，新生就被安排進入家族。每個家族都由一到二位導師帶領。原則上，每個家族有十多位左右的書院新生。書院的導師都是學校認同博雅教育，充滿愛心，願意投入的專任或退休的教職員，他們都來自全校八個專業學院。

導師制度是東海非常大的特色。幾所也認同博雅教育重要的學校，陸續啟動相似的教育模式。課程、活動的設計與執行，都不是太大問題，但導師制度卻是難上加難。現在大學對教師的評量中，輔導學生成材的向度所佔的比重不大。幾乎都是在評量老師是否自己能成材。教育到底是成就老師？還是成就學生？實在是個需要深思的問題。如果是前者，大學和研究機構的差異又在哪？

家族導師帶領家族將從大一開始，一直到大四。但當家族學生進入三年級後，該導師將再帶領另一個大一家族。於是這位導師將會同時帶領大一與大三的兩個家族，應該說是原來的家族將擴增，也就是增加了一批新生。新生將有多位大三的書院學長姐陪伴。

同樣的設計，也會應用於大二與大四的書院生。跨屆的接觸與帶領，常常產生意想不到的好效果。一個有趣的觀察與經驗，上下屆的學長姐與學弟妹相處的張力比較大。跨屆後，似乎產生了某種潤滑劑，關懷、仰慕都比較容易產生。想想在家的經驗，爺爺奶奶和孫子總是關懷勝過要求。有趣的是，在跨屆的家族也有這種感覺和現象。

◇導師沙龍與導師共學

知識多到無法教，只能讓需要的人去選擇學。所以書院教育的設計，重點不在「教」，而是在**啟發學生有「學」的動力和方法**。

一盤好菜對不餓的人來說，邊際效應很有限。換言之，根據邊際效應的理論，讓人餓會比菜做得好更有效。於是學生如何被啟發，比課程與活動設計更為重要。

書院在課程與活動設計都煞費苦心，但啟發與陪伴學生卻是更為重要。東海大學博雅書院的一項大特色是，導師制。其中有二十位擔任家族導師，但導師的人數遠大於這個人數；其他的導師們都是導師沙龍的成員，將來可與需要休息的家族導師互相輪流與支援。

一個組織要穩定的成長，要形成影響力，人數永遠是關鍵。所有的導師都會受邀參加每週舉行的導師沙龍、分享、演講、共膳等成為凝聚共識的重要活動。在現今壓力頗大的教育環境中，每週的導師沙龍反而成為了許多老師減壓、分享理想的時刻。大學非常用力推動教師社群，大都是強化能力。在書院，我們比較強調舒壓與分享成就的面向。

博雅書院的導師沙龍的方式，不只是強化參加成員的能力，更是提升參加成員的價值感與連結性。當團體珍惜每位參加成員的價值，而每位成員也能提供貢獻，這個團體才會成為有功能的團隊。因此，週五的導師沙龍是放鬆和分享以及獲益的時候。

書院的導師，都是學校的專任或退休的教職員。這一群老師用行動證明了他們充滿了愛心與耐心。大家都各有專精，但是對於啟發教育和輔導，可能都不是大家的專長。於是導師共學就成了非常重要的學習與分享的活動。

學期間，每週五中午有一個半小時的導師沙龍。有時有些導師被邀請做二十分鐘自己的專長演講，讓大家分享彼此的專業。有時觀賞教育相關的影片與討論，有時分享家族帶領的經驗。無論哪種形式，都是笑聲不斷，氣氛融洽。

導師共學，是養成導師非常重要的機制。一般大學沒有特別設計的課程或活動來培育導師，但又希望導師能發揮功能。真是大不易。教育家福祿貝爾（F. Froebel）曾說「教育無他，愛與榜樣」。書院努力在幫助導師們成為學生的典範。學生學習需要許多的典範，而導師們本身已經有充分的愛，加上精心設計的課程和活動，教育的成效就比較容易被期待了。

每學期書院也舉辦兩天的導師退思會，對書院的運作、學生的學習、課程活動的設計，做較深入和連續的討論。

◇十月的最後一個週六，始業式與回家日

大一上學期，書院為新生舉辦「始業式」與畢業生舉辦「回家日」，日期訂為十月的最後一個週六。其目的是讓所有的書院生，無論畢業多少年後，都知道那一天是迎接新的家庭成員，以及歡迎回家的日子。

始業式是正式以及莊嚴的儀式，是強化新生對承諾慎重的日子。

前面提過參加博雅書院是份獎學金，書院的一部分經費是由許多對博雅教育有

信念的捐贈者所提供的。這份獎學金不是根據過去的表現，而是相信對未來努力的承諾。來到書院，就開始經歷調整排序與實踐的過程，中間會有許多的掙扎，但書院的夥伴會彼此支持，一同前行。我們相信努力堅持與完成承諾是人生成功的重要一步。

◇體驗營：建構共識

體驗營是在第一學期所有大一生必須參加的活動，主旨在建構家族的凝聚，以及對書院教育的共識。

第一學期是所有新生的掙扎期，經過國、高中六年的長期準備考試的煎熬，很大一部分的學生到了大學總是希望能夠休息，或是改變一種生活的方式。但若沒有人帶領或陪伴，很容易就一個人迷失在網路上，或是與一群也不知道方向的年輕朋友到處晃蕩。

上課，下課，課餘自己安排。許多學生都不太容易選擇學習和成長，書院教育就是希望利用這種學生可以自由安排的時間，來幫助他們學習人生重要的價值與培養品格。要十八歲的年輕人來選擇學習和成長，應該需要外在的助力。由導師帶領的家族，就是形成凝聚力的關鍵，我們想辦法讓家族的凝聚力形成。一個很有效的做法，就是讓許多家族一同參加「體驗營」。帶著學生參加一天的團隊與高空的課程。許多的功課，只有經過體驗才能學會。

大學的制式課程是在教室裡發生，老師講述，學生聽講，記筆記，回去複習，參加考試。知識的部分可以如此，但團隊、連結、合作、服務、領導、付出，這些未來人生中重要的特質，很難在教室內學習，只能在體驗中學習與領悟。重要的不僅僅是「突破自己的舒適圈」，更是建構團隊，是要學習如何相信以及如何取得別人的信賴。以家族為單位的體驗學習，產生了極好的學習果效。

◇禮的教育

每位書院生在大一與大二共參與四次課程。上學期由大一的同學上用餐的禮儀與實習課，大二的同學上服務的課程與實習。第二學期，兩年級交換課程。

禮是社會性的行為與約定。但又不是非常知識型的概念，應該是生活上的習慣和態度。刻意的「禮」，有時讓人覺得做作。教條式的「禮」，讓人覺得八股。但缺少了「禮」，讓人覺得粗魯。如何讓學生能夠學習禮的意義，藉由實踐成為一種態度，真不是件容易事。比如，開門走出去，放手時，能注意到後面有人而扶一下門，對有這習慣的人是很自然的。但現在很多年輕人只盯著手機，完全不在意這種細節。在這個情況下，禮要如何植入他們的心裡？

書院教的「禮」是發乎自然，舉手投足之間散發的尊重和在乎。我們曾要求家族老師帶著學生讀《禮貌的力量》這本書，然後在家族中討論。實在說，效果不彰。經過了許多的討論與構思，我們設計了「晚餐會」，希望能藉由晚餐的活動和儀式，能夠把「禮」的元素讓學生在知識與實踐中體悟與學習。

大一上學期的新生，是書院的嬌客，他們是用餐者。為新生們服務的是大二的學長姐。用餐者要學習用餐的禮儀以及得宜的舉止。服務者分為內、外場，內場學習如何處理與擺設食物，外場學習如何接待與送餐。

學習都是請專家來正式上課，這是理論的部分；而用餐的當天就是實習課了。到了下學期，大一生成了服務的一群，大二生就成了用餐的一群。這是施與受的輪替，也才能有同理心的教育元素。

用餐是對文化的了解，原則上，上學期都是西餐，下學期是中餐或特色餐（日式、原住民、印度等）。所以每位書院生都會學習西餐禮儀和中餐或特別的文化用餐禮儀。整個活動都在學校的體育館舉行，從桌布、椅套、菜單、場地的布置都是正式的，遵從禮的說明，桌上的擺設也一應俱全。書院和負責服務的同學都認為正式與慎重是課程進行的重要元素。

服務的學生們組成晚餐會專案負責團隊，他們形成階層式組織，分為PO（Project Owner）和多位PMs（Project Managers）。PO是召集人，總責所有的安排與協調，PM帶領工作同學負責單項的運作。整個團隊用一個多月的時間來討論，分工與合作。書院辦公室負責安排課程老師，租借用餐的設備和安排食物。整個活動的設計與進行，都由學生自行規劃與執行。我們要求用餐的學生必須穿著正式服裝，由家族導師帶領入場，每桌都會安排些外賓（校外的來賓與校內的外籍生），讓學生學習在用餐時，如何招呼客人。

在禮的課程裡，吃什麼不是重點，重要的是實踐「禮」與「珍惜」。博雅書院是有福氣的，常常有貴人相助。名廚雷蒙幫我們掌廚了兩次。李鳳山師父的梅門健康蔬食，也和我們合作了兩次，書院獲益極大。雖說晚餐會是個課程，重點是「禮」，但我們吃的品質也都不含糊。記得雷蒙大廚第一次來，幫書院準備十多桌的飲食時，他帶了一位年輕的助理，早來了一天，我們也招募了幾位想和大廚學習的同學。雷蒙帶著學生去市場選食材，回來又洗又切。

晚餐會到了尾聲，我們都會請內外場的同學一同來到晚餐會的現場，接受大家的感謝與掌聲。那一年有幾位特別的成員，他們是在廚房幫雷蒙準備料理的同學，他們上來時，一臉一頭的麵粉，但臉上帶著燦爛的微笑；真是讓人感動得熱淚盈眶。雷蒙上場時，更是掌聲如雷。

有好的教育理想，常常是不孤獨的。有什麼課能夠這麼的豐富，這麼的深刻，這麼讓大家感受到彼此的心意。

晚餐會的重點是人，因為人與人之間才有「禮」，而禮發之於「情」，才會真切。

◇個人學習計畫與學習契約

推動「ILP」（個人學習計畫，Individual Learning Portfolio）與「學習契約」的概念。知識與能力是重要的，但學習如何規劃，以及做出承諾和負責完成，才是更重要的特質。

新進書院的學生在導師的輔導下，了解書院的教育內容與他的專業課程負荷之間的關係，建構整合他自己的專業與書院的學習計劃。大一上結束前，如果未繳交經導師同意的ILP，將會停止書院生的資格。ILP的目的是，期待書院生能夠養成「事先規劃」的習慣，以及慎重看待自己的學習。

書院於迎新時，書院辦公室會清楚說明書院的要求，請導師們輔導所屬家族的書院生規劃自己的學習計劃。書院的開課時間是固定的，書院生可依自己的專業課業負荷以及其他規劃（如出國交換），做排序與時間的調配。舉例，某些書院生可以在大二以後再修習課程。這是期待書院生能提早關心自己的學習內容（包含專業與書院的負荷），建立一個適合他的學習計劃，然後做出承諾，接著確實的執行。書院希望藉由這個設計，幫助學生養成規劃與負責的態度。

規劃與承諾是極其重要的特質，**書院是領導特質的培育**。保持高的學習動機，持續學習，堅守承諾，毅力不懈，這些都是領導人才必須具備的特質。但要如何才能幫助學生開始培育這種特質？

書院採取方法的第一步是，培育學生建立學習計畫，以及培養對自己訂立計劃認真執行的承諾與堅持。這件事真是不容易，訂立計劃不難，重要的是如何訂立可行的計畫？以及如何堅持的執行？

書院根據畢業標準，訂出ILP的學習記錄單。記錄單只是紀錄一個計劃的內容以及執行的狀況。當然由於各種情況，如課程時間衝堂，出國交換計畫的改變，執行總是會和計劃有些改變。但只要不是隨意的改變，書院生總能得到導師的指導和支持。更重要的部分是，鼓勵學生有願意往未來看的熱情。於是重點不是在ILP的學習單，而是在規劃未來學習計畫時的家族分享。

我們和所有的導師有個共識，必須安排學生在家族聚會時，分享他的未來夢

高空獨木橋

高空獨木橋是個奇特的活動。當年我帶著一群導師去體驗，在下面看著獨木橋，心中想著：「還好，不像傳說中的高。」

開始爬柱子上橋時，越爬心裡就越不踏實。天啊！實際爬，比看的時候高出許多，不經歷還真感覺不到。好不容易上了橋，看著橋面，心裡一陣翻攪，這個「橋」還真只是根木頭，沒有「橋面」，只是一根原始的木頭。

要把手從柱子上放開，開始走上橋，真需要「視死如歸」的勇氣。雖說有安全索，相信我，完全沒有安全感。內心的恐懼是很真實的，這就是一般人在說的「突破舒適圈」的經驗吧。安全索必須放得鬆，這樣走的人才能「自主」。但鬆了，「安全」就得靠信心了。看著下面一群抓著安全索的夥伴，我知道我的安全在他們手上，看著他們專注的眼神，我們的「連結」就勾上了。

想，以及相對應的學習計畫。如果用比較強烈的比喻，這個分享是靈魂，而ILP的紀錄單就只是肉體。當學生在分享他的計畫時，他可以觸動許多其他同學的思緒。我們的經驗，當學生報告完計劃時，得到的回應有的是「什麼？就這樣？」，有的是「哇！你是超人呀？」每位學生都有得到重視和接受別人意見的機會。

在博雅書院，有一句話是刻在大家腦中的：「一個人可以走的很快，但一群人可以走的很遠。」在學習上，這兩句話更是顯現力量。每個人都有軟弱、沮喪、疲憊、懶散的時候，一個人走，有太多的機會他會放棄對未來的追尋。但有一群夥伴，就能結隊向前行。如同香港中文大學新亞書院的院歌中「艱險我奮進，困乏我多情」，真是傳神。

二、基礎培育期（大一下，大二，大二升大三的暑假）

書院的課程規劃環繞著三個問題思考：

一、世界是如何發展成為現在的樣式？二、最近的世界發生了哪些重要的事，對未來有什麼重要的影響？背後的原因是什麼？三、我們能夠做什麼，讓明天能夠更好？

根據這些問題，規劃了相對應的課程：1.東方文明的發展，西方文明的發展。

2.世界議題。3.正義與社會責任。

書院開創時，蒙東海大學第四屆的校友、西北大學講座教授許文雄博士大力協助，編撰了文明課程的教材，親自講授，非常精采。提升了早期書院生對文明發展的整體性概念，也啟動了後續學習的動機。

高牆

一個極簡單的設置，一面五米多的木牆，背面的頂端有個人可以站立的架子。一群人要一起協力徒手全部翻越這面牆。要翻越木牆的這群人，有高有矮，有瘦有胖，有運動員的身形，有看起來就知道平時不運動的身材。

一群人必須構思、討論、溝通、規劃、領導、扶持、承擔、同心、合作和確保彼此的安全。不分彼此，只有團隊。所有需要領悟的元素，都在這個活動中可以體驗。每次看學生進行這個活動，在當全員翻越成功時，都會熱淚盈眶。尤其在團隊中有重量級的團員時，這種團隊的情感更是濃烈。

同時書院將世界議題課程，進行開創性的設計。邀請教師群，以大班分組的方式，各老師帶領一組十二～十五人的小組。各小組在老師的帶領下，在一套豐富的共同影片與讀本中，選擇各小組的觀賞與研讀資料。老師每週聚集一次，討論授課教材與引導內容。各小組每週分開上課，每學期有四次全班聚集，分享各組心得。利用引導、討論與翻轉教室的方式，讓學生有主動式學習的經驗與能力。此課程的

尿布柱

地上有一根露出十二米（約是四層樓的高度）的木頭電線竿，功課是：我得爬上去站在頂上。叫「尿布柱」是很寫意的，爬上去可能最好穿著尿布，免得下來時出糗。我是領隊，似乎天經地義的要「先天下人之憂而憂」。

一個鋁梯架在柱子上，但那根鋁梯不夠長，只能把我送到三分之二的高度。上段的三分之一，釘著老虎釘，我得抓著釘子，手腳並用地爬上去。專心一意的時候，恐懼其實會暫時被遺忘的。

終於爬到頂部時，兩手扶著柱頂，更大的考驗來了。一根沒有多粗的柱子，我兩手扶著柱頂，把一隻腳跨上後，已沒有容第二隻腳的空間，所以雙腳要站上去，

我得先把手放開。四層樓的高度，相信我，我的人生沒有比這個時候更能體會「先捨再得」的困難。隱約知道自己有安全索，但在那個當下，我只剩下自己和恐懼。

鼓起勇氣，卯足了勁，豁出去了！我放開雙手，跨上另一隻腳，搖搖晃晃地站上了頂端。成就感如曇花一現，立即就被劇烈抖動的柱子掩蓋掉了。「不要搖，不要搖！」我在喊叫。小謀（謝智謀教授，我們當天的教練）在下面淡定地說：「你不要搖，柱子就不搖了！」原來是「物理現象」，當力臂太長，一丁點的震動就會搖擺。更別說，我還抖得滿厲害。努力調整呼吸，控制自己的情緒，讓自己的理性作主。我知道有安全索，而且下面有一群在乎我的夥伴在拉著。

靜止了！我說：「可以下來了吧！」帶著些哀求的口吻。小謀說：「難得上去，看看風景吧！」我是眼動、頭不動地做了三十秒的眼球運動。「看完了，可以下來了！」小謀當時說了一句對我很重要的話，「試著與自己的恐懼相處」。

是的，有恐懼不是不好的事。每個人都會有些恐懼，也不會消失，重要的是，要學習與它相處。

尿布柱讓我在「安全」的環境中，經歷內心的恐懼，克服以及學習與恐懼相處。我想，任何世代的年輕人，都會經歷許多的未知，自信備受挑戰，感受許多說不出的恐懼；但在年輕的時候，有過體驗恐懼與接受恐懼的經驗，對他的自信與包容，都會有極大的助益。

效果相當優質，不僅讓學生能有自主學習的經驗，更讓老師群有合作授課的實質體驗。

「正義與社會責任」課程引進哈佛大學邁可．桑德爾（Michael Sandel）教授「正義」課程的內容，加上當時的國際與台灣的重要議題，加以分析討論。幫助學生建立一個綜合功利主義、自由主義、理性主義的思考架構，以及鼓勵他們根據架構對發生的議題提出個人的看法，作為課程討論的互動素材。

觀悟

東海美麗的校園，下午五點多，太陽逐漸下山。清風吹來，樹影婆娑，滿有歷史的體育館大門密閉，裡面露出帶點米黃的燈光。體育館的台階下，一些穿著正式的年輕男女逐漸聚集過來，男孩們西裝革履，女孩們穿著小禮服或洋裝，頭髮梳理得宜，腳踩著跟鞋，臉上淡施薄妝。接著陸續到場的是幾位年紀較長的女士和先生，映著逐漸來到的夜色，許多人在門前輕聲的寒暄。這是博雅書院晚餐會的夜晚。

六點整，體育館的大門打開，米黃的燈光散發出濃濃的歡迎氣氛。老師們帶著自己家族的學生緩步上階，由場內接待的同學引導到安排的桌次。場內所有的工作同學都穿著整齊，動作一致，臉上帶著笑，歡迎今晚的貴賓們。經過簡單的開場致詞，晚餐會就正式啟動，一堂實習課就開始了。女賓入座，女賓離席時，男士展現應有的禮貌。一道一道的上菜，幾次的添加飲料，席間的交談，眼神的交會，何處不是學習的契機。

書院的晚餐會有個非常特殊的文化，就是在晚餐會結束後，無論用餐的人士穿著多麼正式，大家都捲起袖子，一起把用餐現場恢復原狀—租借的桌椅收到體育館的門口，所有的桌布、椅套、餐具都整理妥當。

東海創校時就有的勞作教育精神，我們在晚餐會落實到位。用餐時，大家都在「上課」，但下課後，我們都是同學，為讓服務的同學能夠早些歇息，我們一起動手整理。這是珍惜，感謝與體諒。每次書院的晚餐會都會有許多友校的貴賓參與，我想讓他們印象最深的可能就是一起讓場地恢復原狀的文化。

◇演講活動

書院希望學生們能將智慧、經驗、分享、交流自然融入在生活中的部分。於是生活與能夠舉辦活動的空間就極為重要。書院在住宿學習中，規劃了東海書房（七十人以下的演講空間），習齋（活動、共膳、閱讀、討論、會議的空間），書齋（書院的小型圖書館與閱讀空間）等空間。這些空間都由學生參與管理，維護與經營。

書院每學期固定舉辦兩場「博雅講堂」，邀請對社會有重要影響力的人士前來分享，現場容納人數約兩百人。「雅敘」是較小型、主題也比較柔性的演講，每學期舉辦三~四場，參加人數約五十~六十人。「夜談」則是學生們自行在宿舍區舉辦的輕鬆演講。

學生基於自己的時間與課業的配置，參加書院舉辦的各種演講活動。但在畢業時，書院有最低參與場次的要求。除了演講外，書院生也有許多自行組織的團體活動、會議和討論。生活學習是重要的學習元素，博雅書院是國內非常早期在這方面著墨的教育單位。宿舍不應該只是一張床，它也是學習發生的場域。重要的是要如何讓學習發生？而且產生效果。

◇家族活動

家族是書院運作的核心結構。書院生的學習除了由導師帶領與輔導外，導師也帶領家族舉辦許多的活動，如家族固定的聚會和家族間的共同活動。

一個例子，建築系的老師帶領他的家族學生，搭火車走訪日據時代搭建的一些老的火車站，講解這些火車站的歷史與建築的結構。許多其他的家族也加入這樣的「老車站巡禮」。現在的學生已經很少有搭火車的經驗了，這樣的活動有知性、感性、友誼和對這片土地的情感。書院也請家族來協辦書院的演講活動與許多相關的活動。如此，學生就會把書院當成自己的責任來經營的地方，而不只是一個提供服務的場所。

◇美育的養成

美的欣賞是書院教育非常重要的特質。「生活有大美」，書院規劃「欣賞系列」的體驗課程。幫助學生有接觸美的機會，也希望能培育美的素養。

書法欣賞：魯漢平老師是一流的書法家，在小班制的設置下，他親自教導書法之美。更可貴的是，魯老師對學生的耐性以及對中國文字美的了解與熱愛。熱情是可以感染的，學生學得很有心得。我們有非常好的共識，書法欣賞的目的不是讓學生能寫得多好，因為技巧是需要時間孕育和苦練的。目的是讓他們能夠開始接觸與欣賞。書院也安排學生去訪故宮與美術館，觀賞中國文字之美。有了書法欣賞的基礎，學生對中國書法就從「不知所云」而進入能夠靜下心來欣賞的地步。

藝術欣賞：一流的藝術家和充滿教育熱誠的王怡然老師。繪畫是藝術的基礎，素描又是繪畫的根基。怡然老師對學生非常有耐心，也不吝於鼓勵，當學生對自己的作品缺乏自信的時候，老師能做適度的導引與鼓勵，對學生自信心的形成有說不出的影響。好多位學生告訴我們，他這輩子的第一件素描作品，都是在書院完成的，而且對他的自信產生了很大的助益。

音樂欣賞：顧鈞豪老師老師除了是知名的音樂家外，對音樂推廣的熱情和人脈的廣度都讓人欽佩。音樂欣賞除了帶領學生了解音樂的發展、樂理、各種曲風外，顧老師每個學期都邀請一流的音樂家，來書院舉辦音樂會，真是精彩極了。下頁（P97）就是某一份音樂欣賞課程的規劃，大家可體會一下這是多精彩的課程。

欣賞系列的目的，不是要求學生能夠在某個專業取得什麼樣的能力，而是讓他們能廣度地去接觸，讓他們經驗一些門外的景象，將來他們或許有興趣與機會去打開某一扇門。

課程綱要主題：

西方傳統音樂文化概論（一）：顧鈞豪

- 09/26｜音樂藝術是什麼？
- 10/03｜平衡、理性、科學的文藝復興之美
- 10/17｜一切都是西方宗教惹的禍？
- 10/24｜【音．畫】對話論：顧鈞豪X王怡然教授
- 11/07｜維也納樂派V.S.新維也納樂派

音樂與跨領域（開放報名旁聽）

- 11/14｜音樂講堂：【｜音．樂．會｜製造所】主講：陳佩珊
- 11/21｜博雅音樂會：鋼琴三重奏【冰與火之歌】（Alejandro Vela、呂超倫、張恆碩）
- 11/28｜特邀講座（I）：【什麼是音樂經紀？】主講：徐鵬博
- 12/05｜特邀講座（II）：【國家兩廳院面面觀】主講：黃緯騰

西方傳統音樂文化概論（二）：顧鈞豪

- 12/12｜當代音樂二三事：從極簡主義到人工智慧（智慧手機樂團）
- 12/19｜音樂美感與社會責任

博雅音樂會：冰與火之歌

時間：11月21日19h30
地點：東海大學音樂系演奏廳

亞歷山大 維拉 Alejandro Vela / 鋼琴家
張恆碩 / 小提琴
呂超倫 / 大提琴家

曲目

- 柴可夫斯基：羅可可變奏曲
- 拉威爾：吉普賽
- 蕭邦：波蘭舞曲“英雄”
- 希納斯特拉：阿根廷舞曲 Malambo
- 皮耶佐拉：四季

三、展翅期（大三，大四）

完成基礎培育要求的同學，取得「自主性方案學習」（Active Project Learning; APL）的提案與組隊資格。提案後，參加大三寒假期間為期六天的展翅營。

◇展翅營

展翅營是考驗體力、耐力，智力與團隊的三天野外行程，期間有長距離行走、定向、尋路、宿營、野外獨處，體驗吃乾糧喝冷水與無法淋浴的野外生活。這段具挑戰的行程，是希望幫助書院生與自己對話，了解夥伴的重要。

體驗教育的效果遠遠大於在教室裡的口授。完成三天野外行程，書院生回到學校之後，接著進行一天多的反思。思考這段行程的意義，思考過去兩年多的學習以及未來要如何努力與傳承。

第五天，書院會安排一場神祕嘉賓激勵的演講。過去幾屆的講員有台灣世界展望會杜明翰執行長、師範大學的謝智謀教授、東海大學的湯明哲校長、知名紀錄片導演齊柏林先生等。

博雅徽

第六天，在路思義教堂舉辦結業典禮，書院邀請所有結業的書院生與家長一同參加。所有結業的同學，都由導師幫他別上一枚博雅徽，象徵他的努力得到了認可。因為展翅營，所以結業式就更顯珍貴。

◇自主性方案學習

學生取得組隊提案APL的資格後，書院將給與指導、審核、建議，以及部分的啟動經費等多方的支援；書院生並且可參加書院規畫的繼續深造與就業準備計劃，將有業界參訪與合作的機會，取得擔任助教以及申請獎學金與擔任書院國際計劃代表的優先資格。

書院生完成APL，表現優異以及經過導師推薦，經書院榮譽畢業生選拔委員會的推選，畢業後取得書院「榮譽畢業生」（Graduate with Honor）的資格。可正式列入記錄，進入個人資料。

APL是個機會，而不只是個要完成的要求。書院的教育是培育學生正向與積極的態度，這是一位領導應該有的特質。書院生必須要有理想與創意，也要能夠組成一群專長不同的同學，在構思、成隊、同步、執行與成果整理，反思與檢討修正的過程中，會經歷許多的爭執、挫折、堅持的考驗、自信心的打擊。他們同時間還要經歷與專業課程的要求之間的拉扯，很不容易。但成功與塑形本來就不曾是件容易的事。一個充滿理想的教育，本就該有堅持。一位願意鍛鍊自己心性的年輕人，也本就該對自己的自信心給予考驗。經過考驗的年輕人，他的眼神都流露出一種特別的自信。我們相信這是成功的種子，也是讓他們成為別人祝福的一種保證。

◇學生自治組織

「雅治」是書院內的學生自治組織，負責舉辦書院大會，組織書院生的活動，推動榮譽制度，與校外學生團隊聯繫。他們也肩負建立書院生的共識與向心力的責任。榮譽感、自治是一個民主組織的成功要件，但也是非常脆弱，容易受傷害的特質。自治的展現不只是規劃「生活公約」，因為光有公約是不夠的，如何處理違反「生活公約」的自治才是真正的自治。唯有能夠堅持的自治，才會產生榮譽感。

一個組織的榮譽感與傳承和文化有關。於是書院的畢業生成立「雅風」，支持在校的學生，也傳遞傳承與文化。

書院生的學習是終身的。每年的「回家日」，就是雅治與雅風合作與連結的時刻。順利進入大三的書院生，展開了另一個學習的旅程。從這時開始，他不只是遵

第七屆博雅書院畢業典禮，東海大學王茂駿校長，榮譽書院長劉炯朗院士。

循，更是自己定義與開創。大三的書院生有擔任自治組織幹部的責任與義務。具備競選雅治總召與副總召的資格，以及擁有成為書院自治組織內領導幹部的資格。

啓航與祝福

每年在東海大學畢業典禮的前一週，固定舉辦博雅書院的「啟航與祝福禮」也就是書院的畢業典禮。不同的是，我們有成果分享，在校生的祝福和雅風的歡迎。書院非常看重連結，因為這越來越是人生成功的關鍵要素。

大學畢業是人生開創以及終身學習的開始，需要校內大家的祝福和校外學長姐的歡迎。典禮的前一天，書院會邀請一位特別的講員來和畢業生分享與勉勵，這是只對畢業和結業的書院生開放。我們不鼓勵「免費的午餐」，學生想要獲得珍貴的祝福，他們必須要付出努力。

還記得我前面提過「書院教育是一份獎學金」的理念嗎？當時學生們在大一時承諾要堅持的學習，書院因為他們的承諾，把這份「獎學金」送給他們。但總是有一些學生無法完成他們的承諾，書院必須在最後的時刻，提醒他們堅守承諾是重要的。人生有很多時候要堅持，才會獲得，也才能成為別人的祝福。參加演講的學生都受益滿滿。當天晚上，書院會舉辦感恩餐會，所有的導師、當天的講員和畢業的學生們一同參加。這是充滿感恩的寧靜夜晚時刻，彼此敘述珍惜與感動，在畢業的喜悅中，加上真情的交流。

◇啟航祝福禮

書院畢業生披著書院的畢業披肩，陸續進場，接受學校與書院的師長、校外貴賓、學弟妹，以及雅風校友與家長們的掌聲。

祝福與鼓勵總是不缺，重要的是，每一位畢業生都有一段專屬他的時刻。他被唱名，螢幕上打的是他的相片、名字、系別。禮台上只有他和頒發證書的師長。四年的努力，值得一段專門屬於他的時間和掌聲。

畢業典禮的時刻，主角應該是畢業生；我們堅持這一點。博雅書院有這個機會，我們能夠把這個時刻歸還給真正的主角——畢業生們。人生中，總有一些會擁有很久的記憶。博雅書院的啟航祝福禮，確認會是其中的一段記憶。

榮譽畢業生

榮譽畢業生是種榮譽，但這種榮譽不是特權，而是種責任。

有些書院生問到，為什麼有榮譽畢業生這種身分？為什麼不是被直接授予？而是申請，經過審查通過後才被授予？

任何一個組織內都有非常認真、表現傑出的一群成員。也有認真努力，完成基本要求的一群。當然也有一群，因為各種理由，沒有辦法在時間內完成基本要求的成員。在書院，我們相信每位不能達到基本要求的書院生，應該有他自己的理由。所以我們還是給這些書院生真誠的祝福。在人生的旅途中，總是請記得要繼續努力，因為那是成功的基本條件。如果一個組織不願意高舉非常認真，表現傑出的成員，只是冀求沒有差別，模糊大家的感覺，這個組織就失去了追求卓越的價值。

設立「榮譽畢業生」制度，就是體現書院願意給予特別用心的書院生一種認同與鼓勵，也表示書院追求卓越的決心。

榮譽畢業生的審查從七大面向來評估：

1專業領域的表現。2積極投入書院學習的程度。3在領導與服務上，展現博雅精神。4APL的表現優異。5在書院的期間，顯著的自我成長。6整體上堪為博雅書院教育的表率。7主動積極。

為何用申請制度？

至於為何要申請，而不是被直接推薦授予這種身分？這個世界上，主動、當責是重要的特質。請同學們申請，是要確認自信心與能為自己的表現說明與辯護。這是重要的主動與當責的特質。

主動申請，經由導師或其他人的推薦，加上面試時的沉著與真誠，與書面資料的審查，據此，我們來選定當年的榮譽畢業生。只是制度設計之初，委員會定下了5％的名額門檻為原則。因為是種榮譽，所以就必須嚴謹。如果畢業生越多，榮譽書院生的名額就越多，這表示我們希望書院生能相互影響與協助。

我們恭喜每年當選榮譽畢業生的家人們。有大能力，就有大責任。他們目前是我們的典範，讓我們約定，我們也都會成為書院的典範，讓世界因為我們而會更美好。

結語

東海大學所推動的博雅教育未必與西方的Liberal Arts Education完全一致，但這也是東海博雅書院的特色。**教育是動態的**，沒有統一的模式與萬靈丹，教育模式必須根據當時的目標、當地的文化，規畫出有效的計劃與施行的行程，產生符合期望的成果。基於以上的體認，初步以較小的規模（每年約一百二十名新生）成立博雅書院，來推動博雅教育。同時分析與規畫將來可以推行至較大規模的可行模式。

經過十年的實作，確實有汗，有淚，有氣，有喜，有無奈，有安慰。然而，一個人的感覺並不重要，重要的是，用什麼樣的模式確保一個有理想的教育理念能夠落實，而後能發芽，開花，結果與擴散。

啟動之初，本是硬式規劃，外部要求，「設計者的模式」，那是必要之惡。墾荒時要挑水，種稻時要開墾渠道，這是自古不易的道理。書院進入啟發期，得轉化為「學習者的模式」，以鼓勵自發性的學習為中心，當然誘因的創造與相關的輔助機制的設計，就極為重要。東海博雅書院的努力，可明顯的看到這份嘗試。雖仍有很大的進步空間，但是一個很重要的開始。當制度不齊備，誘因不足，建構系統，招募夥伴，鼓勵學生都極為困難。然而教育是個非線性的複雜系統，經過相當長一段時間的拉扯，學生的價值觀和共識逐漸的建立，有了明顯的變化。這是非常可喜的變化。

本書的第二部分，是十二位書院生在書院學習的經驗與分享。本文只是提供讀者一些基本的概念，東海博雅書院的理想、設計、執行與細部運作的部分資訊。

「教育無他，愛與榜樣」，但要談規模與擴散，我們應該還可以加上「系統的設計與執行的方法」。胡適先生說過：「要怎麼收穫就得怎麼栽」，教育是個百年樹人的工作，少了理想，缺了毅力，什麼都難成。或許對教育的信念與堅持才是根本的答案。

未見的確據

邱國維老師的家族帶領經驗

不論世界怎麼改變、挑戰怎麼艱辛，
「博雅」都像遠處那道指引的光，
儘管在漆黑的地方，光都會透進來。
——邱國維

訪談／文攝家族導師邱國維老師
文字整理／羅佳章

小記：

「文攝家族」在國維老師接手帶領下，轉眼已經一年。「一年」對於許多老師而言，可能只是上、下兩個學期的轉換，也可能是教科書從第一章談到最末章的過程；對許多同學來說，或許是晉升了年級、開始被稱呼為「學長、學姐」，又或許是早上出門、晚上回到寢室，帶著厚厚的書，修習到喜歡的課而覺得有所收穫。在國維老師的家族中，這一年，有彼此的家聚互動，更有老師與學生共同的陪伴、改變、努力和成長。

國維老師的成長過程中，與東、西方的博雅教育有很深的連結，從國中一路至博士的求學歷程、教職之外的實務工作、服兵役等，皆有新加坡、澳洲與美國的博雅教育薰陶；此外，教會修道院修士亦師亦友的典範，以及師承東、西方多位武學名門大家，如吳翼翬派下陳亦人師公夾技南傳星洲、受業於盧子雲師父，國維老師更同時師從多位武學專家，如：於新加坡訪問教學的沙國政和蕭長根、移居澳洲的陳氏太極陳小旺、台灣劍道黃師範、韓國劍道宋師範、日本劍道谷真紀子師範、歐洲劍士學院的葛雷・凱立斯坦（Greg Galistan）等老師的毅力與風範，他們也深深地影響了國維老師。一路走來，國維老師的體認是，博雅學習是非常自然而然且與生活融合的，學生時常修習各種不同領域的課程，每個人都擁有自由、自主的選擇。

博雅書院的「家族」制度

東海大學在一九五五年創校時，小班小校的博雅傳統創造了緊密的師生關係。博雅書院承襲此一傳統，邀請校內各領域專任教師擔任導師，以生命的榜樣來影響學生，使學生在知識、實踐和態度上有正向而全面的發展。

老師與學生們之間的互動，除了日常生活與學習歷程的關心，一起進行有主題、有目標的聚會，是讓學生成長的必要過程。因此，書院學生必須積極參與家族活動，接受導師的引導及評估，使自己大學生涯的發展得以聚焦。

我是基督徒，信仰給予我內在的力量。

十二歲時，我離開父母，在國外的教會學校成長，清晨天主教修道院的晨禱，開啟了生活的每一天。國中時，我加入了學校的「學生領袖團」，領袖團的成員是由學校所挑選的，稱之為Prefect（級長）。擔任Prefect必須精進自己，才有辦法管理同儕和高年級的學生。在領袖團裡，還必須接受武術、越野與救援的訓練與考驗，目的在於訓練我們的意志、不放棄與互助精神。在這個重視榮譽的組織內，充分展現了團體的彈性，而非組織的僵化；加上成員間保持緊密的友誼，「Leave no one behind」這四個單字背後的意義，是必須經歷過才能深刻體會的。

回憶學生時期，曾經有不少受到老師們幫助的時刻。我的老師們，無論是修道院博學多聞、充滿智慧的修士，或在天主教修道院學校的基督徒導師，甚至是武學的拜門師父與師從的眾多武學專家，以及離開學生時期之後，因為博雅培養的持續自主學習而對騎士與劍士精神的同好夥伴們，甚至是古琴的老師同好們，都是我生命中遇見的既博又雅的人物。這些人都擁有幾處共通點，即真實無偽，行事為人都以身作則，自敬自重，凡事相信神，不攻算計，卻有謀略與膽識，喜好廣泛閱讀，喜好自然。

我的老師們都擁有一種以上的興趣，「允文允武」是最貼切的形容。

武術與古琴在現在孩子的才藝清單中比較少見，不過武術透過博雅學習更深化為武學是很棒的鍛鍊，因為它需要長時間廣泛博學薰陶與刻苦的訓練，訓練中培養劍及履及的精神、果決但不獨斷的態度，無論在東、西方講究務實與精進事業的文化裡皆然。

博雅書院的家族制度

東海大學早期宣教士的精神，伴隨我內心的呼應（calling），告訴我應該做些什麼，尤其在科技愈來愈進步的時代，這個呼應就越強。與博雅書院的緣分，來自於前書院長卓逸民老師的邀請，更推薦給現任書院長王偉華老師。起初僅擔任書院的審查委員，參與導師沙龍等活動，後來才加入家族導師的行列。

我對「家族」制度不陌生，回憶在澳洲讀研究所時，學校有「大家族」的悠久傳統，大家碰面時一句「我是Goldstein College（戈德斯坦學院）」，除了說明所屬的住宿區域，也表現出了一種榮譽感和認同感。東海大學博雅書院的家族制、住宿學習也是同樣的道理。

就像過去說出「Goldstein」的我一樣，博雅書院生也是，我們每個家族都有自己的名稱。以「文攝」家為例，我們家族前身從「赤壁」輾轉更名為「文社」，爾後幾屆的家族成員進一步討論決定以這兩字為名，是因為當時我們家族成員裡文學院、社會學院的人最多，學生的學院屬性是家族很有特色的部分。後來家族裡加入了更多學院的同學，便將「社」改為同音的「攝」。

家族的四個核心價值

擔任家族導師是希望將好的價值傳承下去。我認為家族最重要的，是生命的陪伴和正向生命經驗的延續。

文攝家族的核心價值是：友愛、互助、自敬自重與不輕言放棄。這四個價值源自於我早年在國外的成長經驗，它體現了人以上帝為師法與跟從後，重新對「自我」價值的肯定與對「他人」的真實尊重。

帶領博雅書院的家族至今雖短暫，這四個價值猶如四把鑰匙，不斷提醒我生命互相碰撞的行為準則，這些準則必須篤信而後身體力行，它同時也是清楚且正向的行為標竿，足以作為不卑不亢，毫無虛偽的家族精神支柱。剛接家族導師時，家族內有許多狀況急需面對，比較顯著的，如家族之間凝聚力不足、成員之間甚至對導師的信任感較弱，家族助手在傳承上也面臨斷層等。「導師」這個角色陷在家族凝滯的情況裡，需要很快找到立足點。透過毫不虛假的身體力行出來「四把鑰匙」的核心價值，家族團隊們順利地把鎖上的門逐一打開。

當時我先與家族成員溝通，過去家族既有的決定，我們應當理性分析後給予適切的尊重；不過不理想的地方也可以有方向的依循著正向價值與四大核心準則，逐步踏實地建立清晰的進程來加以改變。尤其我必須更務實的以生命典範投入，陪著家族助手和代理家族助手，讓他們能感知與清楚，有典範依循，何謂身體力行的方式替代言說，讓經營「家族」不同於經營一般社團，而更加著重在，如何真實以基督信仰回應四個家族核心價值，使得在家族團體中，我們實踐篤信，更能看到他人的美好，進而互助互勵，以培養有心且相互支持的正向行為。

◇一起吃飯

既然是家人，彼此就無須見外。我們家族的聚會有一個堅持，那就是——不隨意買外邊的便當；以及每次家聚時，師母陳香梅（Jany）總會先溫暖問候家族成員一句話：「歡迎回家！」

這個堅持來自於Jany的堅持。無論多忙碌，她總是構思菜色，到市場買菜，邀約家族成員共同備料，然後親自下廚燒菜；建構開放家庭的真實生活，讓家族成員自然地融入。Jany每一回不只在菜色的變換下了功夫，更顧及大家的胃口與營養。她也展現出願意學習共同生活，把家族成員當成家人般的互動，以持恆行動來替代言教，進而將食材的變化融入異國文化與料理，如海南雞飯、肉骨茶等等，讓人驚喜。

剛開始家聚時，回家吃飯人數不確定，菜色也不確定，到現在，家聚的氛圍變化是家人們都不要事先公布下一次的菜單，期待帶給家聚小驚喜。我們邀請學生到家裡來用餐，小小的家有著滿滿的溫暖。大家胃暖了，話匣子也打開了，博雅的教育也隨著生活而展開。

不輕言放棄

家族助手學姐A與學妹B是兩位非常優秀且認真的人，她們對自己學業的表現以及在博雅書院的學習，都有高度的自律與期許。而在我剛接手家族時，「各自的期許」也因為過去家族的經營缺少了對內凝聚所需要的核心價值與正向行為作為實踐典範，而使得家助交接成為與新導師在適應期的強大情緒壓力與誤解的來源。

B多次沮喪落淚，她認為自己無法繼續擔任家助，想要退出、想放棄。我靜靜聆聽與等候B哭訴完，但她的眼淚卻告訴了我，她是多麼有熱忱、有理想以及願意當家助。這樣的矛盾和糾結，我必須以生命陪著她，以行動帶著她親身做到不放棄。我狠下心，看著她，提醒她四個核心價值的自敬自重與實踐方式。我溫柔卻堅定的鼓勵B，放棄不是選項，不是現在也不會是在這裡，因為我沒有放棄她，也不會放著她獨自面對。我們將一起走過，待一起努力過後，再來談如何交接，而不是因為壓力而放棄了最初挺身擔當家助的選擇與責任。

我也將家族的四個核心價值一一對B解釋。在淚水中，我們逐一討論著如何拾起碎滿地的傷心，以自敬自重的方式來回應壓力，要如何堅持不放棄地給自己再多一點時間，再試試看，不輕言放棄。「放棄」並不是現在的選擇，因為我們肩上還有事務與責任。學習承擔，我也承諾以生命陪伴生命，我們一起選擇的是學習轉變

家族助手

協助導師關心與輔導學生的生活與學習、佐理行政事務以及做為書院辦公室與家族事務間的橋梁。原則上，由導師邀請大二以上同一導師家族中的書院生擔任，常簡稱為「家助」。

與互助。家助與我共同學習著核心價值中的互助，也對家族成員以身作則，說明如何互助，如何實踐友愛。這些都從B自敬自重的決定開始，不輕言放棄的篤信為實踐。

另一方面，A也主動關懷家族成員，讓我相當安慰。我更進一步期許囑咐著A，在接下來與B的互動過程裡，學姐更要主動伸出友誼互助的手，凡事回到價值的辯證，實踐友愛。

至今，無論是A或B與我的經驗，我們共同努力過後，發現我們放棄了放棄這個選項，這種「不輕言放棄」的篤信，是帶著我們受造之初就已擁有滿滿的自敬互助與友愛的「經驗值」，進入博雅精神的學習，更施行於家族成員的真實生命歷練之中。在博雅書院、在文攝家族，我們以身作則的培育生命成長。

之後，B的意願終於受到所有家族成員的接納與尊重，也發自內心願意去了解，當初在交接過渡期間，A學姐是以承擔而非爭權奪位的心在家族中張羅大小事。B現在能獨當一面綜理家族事務，與A學姐彼此也有了更深的認識與成長。

友愛與互助

家族有個大一的學弟C，平常話不多。因為不多話，所以在人群中顯得比較特立獨行。當時正是我剛帶家族不久，家族成員對C還不了解。幾次和他相處下來，我發覺他雖有些亞斯柏格的傾向，卻擁有絕佳的細節記憶力與分析思辨的特質。他喜歡閱讀，偶爾陷入長長的思考，而這些思考往往涉及抽象的哲學議題，與周遭的同學不太投機。我篤信公而義的神，神造人愛世人必定有其美意。於是我禱告後，決定起而行促成讓家族成員也能欣賞C的美好，學習友愛與互助。

大一有許多課程，正是新生適應與忙碌的階段，C當時表現得憂鬱，私下詢問後，得知是因故缺交了一門很重要的必修課作業，也過了補交期限。據說那門必修課的授課教師在系上以嚴謹著稱，面對老師，面對自己，C退卻了。那段時間，C的身心狀況不佳，連帶影響處理其他生活瑣事的動力，與旁人的距離越來越遙遠。但我因著信仰，篤信不輕言放棄。

◇晨跑中的交流

晨跑是呼吸新鮮空氣、鍛鍊體力也聊些心事的好方法。天還未亮，我與C相約在學校操場集合。我很高興C感受到了我不放棄他的心意，加入了晨跑。清晨的操場，放眼望去，非常寬闊，涼涼的風吹著衣袖，灰濛的天空還未露曙光，我們肩並肩開始邁開心靈對話的步伐。我們的對話隨著步伐，思緒回到了前幾天在書院聊天的光景……

「C，最近還好嗎？」

「還好……」

「聽說你漏了系上一門課的作業，我們家有歷史系的學長、學姐，還是書卷獎得主，更是老師的助教，你有向他們請教可以怎麼做嗎？」

接著C將缺交作業的過程娓娓道來。聽完他的糾結點，我告訴他：

「完成課堂作業、按期繳交，是學生對自己學習的承諾，也是尊重老師將許多心思放進課程，利於學習的一種表達。無論老師收不收補件，你都必須完成作業；並且先寫email鄭重地向老師道歉，說明沒補交的原由。更重要的是，必須跟老師解釋，你的困難造成老師的困擾，而不要給自己藉口或推託責任。先跟老師道歉，也說明理解老師仍然有權可以拒收過期限的作業，不給你任何成績的。

「博雅人也就是如此，就如跑馬拉松，跑在前頭得獎，當然是好，但是克服自己的心境與困難，即便是跑在最後面，仍然跑得光明。堅持不輕言放棄跑完賽程，才是明白了自敬自重的。他人的幫助與看見了你的努力，只要不是邪惡之人，便會理解、會同理你，進而透過你的堅持，看見真實的你以及美好的價值。我在書院等你，你先去寫email給老師。信寄出後，來這裡告訴我，我等你。」

「C，有需要我可以幫你看看，好嗎？」

「C，之後補寫的過程，若有需要，我們家聚跟家人一起討論功課，『學習打群架』，好嗎？」

C穿著藍白夾腳拖，沓沓地飛快衝上宿舍樓梯，背影消失在瞬間。太陽出來了！我們在天氣開始變熱前跑完了最後一圈。C說，老師收到他的課業補件的回應後，我們相視而笑，各自回去。

在跟C另外相約晨跑的中間，我也找了他同系的學長姐，和他們略述了C的難處。學長姐知道後，願意擔任C的Tutor（輔導老師），幫忙他一起解決問題。我很欣慰學長姐們真實地實踐了「友愛」和「互助」的家族核心原則。

騎士精神的延續

我在二〇一四年受邀加入騎士團，在那之前，因著信仰願意走進有需要的人群中，並因緣際會，接到萬軍開發負責人的邀請，由我在尼泊爾的「摩西計畫」中擔任規劃設計執行長。隨後的幾年裡，規劃了當地興建神學院、旅館與休閒中心、修整醫院、孤兒院等設施的長期任務。起初是義務性質，後來成果獲得肯定，因而受英國方面的邀請，加入總部位於耶路撒冷的騎士團成為一員。騎士團的參與經驗和我的成長經驗竟是如此相通的。

現在無論是在系所內或外的學生團隊裡、在博雅書院的家族中，我期許身體力行過去修士以身作則、陪伴學生成長的人文典範精神。我在基督信仰裡，將自身的經驗帶至此，我願我的學生們成為有博雅素養的人——他們讀莎士比亞、讀經典；他們跑步、射箭，認識義大利擊劍大師菲歐雷（Fiore dei Liberi）就如同過去的我一樣，讀詩詞，也學習欣賞武學。

我既是「教練」，也是「夥伴」。看見彼此的優點，發現彼此的獨特，東海博雅書院文攝家族之篤信於：「**信就是所望之事的實底，是未見之事的確據。**」（Now faith is the substance of things hoped for, the evidence of things not seen.　Hebrews 11:1）

給畢業生的話

各位即將畢業的書院生，平安，

將近四年前，我們張開雙手迎接各位來到書院。一年後，我離開了。感謝卓書院長提供這個機會，讓我今天能夠回來，送你們走出書院。

今天是書院的畢業典禮，有什麼樣的心情？高興吧！但你們還記得當年是什麼樣的想法讓你們加入書院？而且走完全程？

我在美國讀書時，離我的學校約兩小時的車程，有個遊樂場，有著當時全美最長、最刺激的雲霄飛車The Beast（野獸）。年輕人總是愛新鮮事，有一個假期，我和幾位同學開車興奮的出征。進了遊樂園，直奔「野獸」。看著快速奔馳的飛車載著一堆哀嚎的乘客，心中產生了第一個懷疑，「確定要上去嗎？」

很快的，第二個懷疑升起，「我會活著回學校嗎？」大家嚷著要去排隊，輸人不輸陣，當然不能示弱。好長的隊，終於走到了人龍的尾巴，地上有個標誌，「About 40 mins」。邊排邊走，看到「About 30 mins」、「About 20 mins」、「About 10 mins」的標誌。

接著排隊進入通道，但寫的字改了：「妳懷孕了嗎？」再走幾步，「你會暈眩嗎？」接著，「你有心臟病嗎？」

每個標誌的旁邊都有個出口，也就是說，這是你放棄的機會。

上了平台，準備要進入飛車前，有個標誌「Are you sure？Last chance to change mind」，旁邊有一個出口。

我上了車，而且活著回到了學校，所以今天才能和你們說這段經歷。搭乘的經驗可以談半個小時，但今天沒有這個時間。重要的是，因為我沒有放棄，所以我才有這奇妙的經驗。

完成一件事之前，總是有許多的出口，每個出口前都有個標誌，「ILP的報告」，「體驗營的高空」，「東西方文明的發展」，「展翅營的第二天」，「APL」。「疲累」，「懷疑」，「痛苦」，「掙扎」，「拉扯」，在書院都有不同的標誌。但每個標誌旁，都有著可以放棄的出口。恭喜各位，你們一起搭完飛車。將來有許多的故事可以說給別人聽。

但故事只是經驗，要藉由經驗來塑造品格，才是書院教育的目的。

馬友友、Itzhak Perlman（伊扎克．帕爾曼）都是非常成功的音樂家，一位是大提琴家，一位是小提琴家。他們突出的地方在哪？音拉得很準？不會吧！許多人都做得到音準。他們突出的地方是，音樂性和表現他們詮釋音樂的能力。拉琴時的左手是音準，是基本功。但右手拉弓才能展現感情，才是卓越的原因。耳朵不差就能拉到音準，這是基本，但不會卓越。

大學畢業，就如同左手按到正確的位置，音準了。但你的能力和你的價值觀在哪裡？請問大學在哪裡能幫你練習右手？在哪裡能和你討論價值？在哪裡能讓你去嘗試錯誤與失敗？在哪裡遇見困難時，總有人能和你坐下，聽聽你的掙扎和痛苦，幫你點一盞燈？這就是書院的價值，也是幫你練習右手的地方。恭喜你有機會左右兼顧。

即將展開人生的時候，送你們出門，總忍不住要叮嚀一聲。前面路途，困難不會缺席，挫折不會消失，希望在書院的經驗能夠成為你的安心丸。

成功是什麼，我們很難定義。但我們知道，快樂是成功的必要條件。快樂不是「你得到你需要的」，而是「你被需要」。

一盞燈的價值，是在照亮黑夜，而不是在白日點亮。請成為一盞燈，請走向需要你的地方。要在乎人和環境，要幫助人和地球，要包容旁人的不同，因為一群人，我們才能走得很遠。

願上帝祝福各位！

帥爺（王偉華老師）May 21, 2017

第二部

啟航

書院生經驗分享

蛻變

王逸萱

東海大學經濟系。博雅書院第四居書院生。

經歷：第三居東海大學博雅大使長（書院典禮司儀、接待、場控等）。博雅大使團隊（大一下至大四）。第三居博雅高中營副召（第一至四居高中營）。博雅書院及各校交流活動籌辦小組。御茶園家族助手。

國高中時期，生活就是讀書，但是讀了那麼多的書，其實真的不知道自己未來要做什麼。當時，讀書讀到滿氣餒的，沒有方向，因此學測成績也不盡理想，但也因為如此，看到了博雅書院的機會，大學時期有素描課、音樂欣賞、禮儀課可以學習；如果不是專業，這些是長大之後根本不會有的機會。而博雅提供了如此豐富的學習場域，不加入謂之可惜，就抱著滿心的期待加入了。

我一直不是個很勇敢、有自信的人，到現在也還是；剛上大學時，沒有目標、沒有方向，我不知道可以做什麼，也沒有歸屬感。當中真的確實有想離開過，後來鼓起勇氣找許恆嘉老師聊天。他用問問題的方式引導，促使我想清楚讀大學的目的。後續並在老師的鼓勵與支持下，我慢慢開始習慣大學生活。

大一下學期，我加入了博雅書院的澎湖服務學習團隊，這是博雅書院的一個暑期團隊，讓書院的學生在暑假期間到澎湖望安鄉的將軍澳嶼服務。我參與那次的服務對象是將軍國小的學生，因此我們準備了一星期的課程，希望這些離島的小學生能在這過程中可以更了解台灣本島的一些事務。在陪伴他們的過程中，我了解到這些孩子們的學習是多麼不容易；回頭看自己所處的環境，真是非常幸福的一件事。而這一次的服務學習團隊是我第一次鼓起勇氣想要擔任某個角色——我從來沒有主動去擔任幹部。一直以來，我覺得自己不是個夠優秀的人，輪不到我去擔任領導的角色；然而也一直覺得自己應該嘗試跟高中不一樣的生活，該做出些什麼改變，而不是光有想法卻什麼也不敢嘗試。因此當時憑著一股衝動，就勇敢地主動擔任總召，讓自己感受到了多麼不一樣的學習。

這個團隊的特點是，幫助別人也挑戰自我，當然擔任幹部的責任就更加重大；如何帶人以及處理好每一件事——團隊的概念開始在我的腦中形成。記得偉華老師說過，從我到我們，再回到我。這無論是在團隊上，還是服務學習上，皆有很深很深的感觸，這才是互相幫助彼此成長。

自從擔任澎湖服務團隊的總召開始，我讓自己開始慢慢去嘗試很多事情，參與很多活動，體驗不一樣的事情。於是，當大一下學期，書院開始招募博雅大使的新成員時，我毫不猶豫就報名加入了博雅大使團隊，這也開啟了我大學生活的另一個篇章。

博雅大使當時要負責的任務是各個大型典禮的接待、司儀、貴賓來訪書院時的接待以及介紹書院，同時定期與書院的捐款者聯繫互動。書院替我們安排了許多訓練課程，例如：禮儀課、口語表達、校園導覽、彩妝等，幫助我們培養更多能力，在執行任務時可以表現得更加專業。

博雅大使也是帶著使命感以及責任感的團隊，在李佩真（諾拉）老師的帶領下一步一步的成長，亦師亦友的關係幫助我們在團隊成長；也因為諾拉的要求以及帶領下，我們可以看見別人的需要，各大場合之中如何配合團隊，細節上一一的要求，自然而然成了習慣。對於事情的處理，也會有更多的自我要求。這些在爾後對我的工作都有著莫大的幫助。

從學弟妹看著學長姐，到擔任幹部，接著是團隊的大使長，後來身分轉而是顧問的角色，這當中每一段的學習皆有所不同。博雅大使最重要的任務是接待貴賓，每一次的接待與談話，對於自己以及書院都是莫大的鼓勵與感動；分享我們在做的事，分享我們身處的環境，用生命影響生命如此重要。回想起有一次，因為擔任博

博雅大使交接時的聚會，互相分享以及鼓勵，是彼此最大的動力。

雅大使而有機會參與慶恩基金會柯承恩老師所辦的活動，當中不乏都是國立大學的學生，只有我們東海博雅書院是私立大學的學生；我看見我們的不一樣，向他們介紹關於博雅書院的生活與環境。我印象最深刻的，是某位台大法律系的學生站在路思義教堂前與我們分享，她說未來如果她的孩子出生了，大學一定要進入東海大學博雅書院。這對成績從不是頂尖的我來說，是多麼大的感動以及振奮，我們是值得被看見的，我們是真的有發揮我們所擁有的影響力。多麼驕傲的一件事啊！我深深感受到以博雅書院為榮。

另一個經歷，也是從小小的團隊成員到擔任副召、再到顧問的團隊——博雅高中營，更深刻地體會用生命影響生命的故事了！

博雅高中營主要是要讓高中生體會知識不只是書本上的學習，而是有更多不同的學習方式，進而影響他們在學習的過程中，汲取知識、如何思考以及如何表現。團隊當中有趣的是，他們需要上完課，具備一些知識後，找尋自己小組所需完成的任務，帶回一個故事；經過小組討論的分享與整理，在最後分享給大家，他們的看見以及學習。這個營隊的內容進而帶出書院想要傳達給同學們的價值，知識、實踐以及態度。在營隊的過程中傳達書院的理念與價值給高中生，對於他們在爾後的人生有更多不一樣的體會。

最初開始，我的角色是隊輔。營隊期間對於隊輔已有一定的訓練，我們要體驗過高中生們所需經歷過的事，才能知道以及體會他們所需接收到的訊息意義。其中一個很重要的課程是引導訓練，我們要學習如何用引導的方式，帶領他們找答案，而不是直接告訴他們如何做。而我們這一次的任務是到漢翔航空，帶回「台灣天空的保護者」的故事。但當我們帶高中生們去找尋要拜訪的地點、聯絡等等，都不能直接告訴他們，而是透過引導，找到我們要拜訪的地點；而怎麼去、我們要帶回什麼故事都是高中生的思考。回來之後，要怎麼展現以及團隊合作將二千字的新聞稿、隔天的報告展現。過程中陪伴他們以及引導團隊思考、分工，將我們在書院的所學帶給他們，看見他們眼睛發亮的樣子，是我們最大的收穫與感動。

後來，我的角色轉換為行政角色，看的事情會需要比較全面，不只是高中生，也需要關心行政組員。在組織設計上，彼此互相配合及合作，因為是營隊，每個位置都是可以互相補足的，彼此知道要做什麼事，機動組可以適時地協助行政組、器材組等，配合度高，雖然事前的準備工作繁雜繁複，但是能讓團隊順利得以進行，真的是很棒的團隊合作經驗。

團隊、組織是如此的重要，從一開始擔任隊輔的角度看事情，到中階幹部、負責小組再到顧問，每個角色都有它存在的意義，因為位置不一樣，所思考、所想的事皆大不同；也因為擔任過不同的角色，在處理事情也更能考慮別人的感受，團隊、組別間要如何互相協助以及幫忙，這是在擔任幹部時，我最驕傲的事。我的行政夥伴們合作無虞，彼此互相幫忙，遇到困難可以及時照應解決，團隊合作發揮良好，我們不只是單純辦活動營隊，更要跟著團隊一起成長，這才是好的循環。

在這些過程中，我學會感恩、珍惜可遇不可求的機會。我不是個厲害頂尖的人，但是我擁有機會學習這些看不到的能力。當我是學長姊的身分時，我會嘗試著給予學弟妹機會，以及陪伴和帶領他們參與每一項活動。在書院，無論是書院長、Albert老師、淑卿老師、崇名老師、Nora學姊等老師以及夥伴們，我在他們身上所看見的是，身教重於言教、以身作則。承擔責任是辛苦但該做的事，用行為與各種談話與分享，給予學弟妹機會學習成長。因為博雅書院給了我機會，我願意用我可運用的心力回饋、影響更多的人。

回饋──家族的珍貴價值

書院有個制度是「家族」。我在畢業前擔任家族助手，和林啟超老師一起帶領家族。如何帶領學弟妹，是一個重要的學習。家族助手需要處理的不只是行政事務，而是有更多的陪伴，因為在書院的路途不是好走的過程，需要彼此的支持，才有更多撐下去的力量。我會不斷去思考，學弟妹需要什麼，我可以給他們什麼，又或者我可以幫助他們什麼；透過不斷地分享以及對話，不斷地關心，讓他們知道學習的路上是有人可以支持與陪伴的。同時，我更加體會到自己在書院有所得，需要有更多的付出與幫助，就像老師及學長姐們的帶領一樣，更會知足與感恩。

書院學習當中，最大的體會不是參與了多少活動（多到無法言述）、認識了多少人，而是學會了思考自己，清楚的知道想要什麼；其中更重要的是生活與平衡，每一段的關係要如何看待，是自己的選擇。這就是書院教會我的事。每一件事端看自己如何面對，就像《被討厭的勇氣》一書中所說，要學會選擇自己所需面對的課題，別人覺得好的不一定適合自己，不用羨慕別人，自己的人生自己過，適合自己的才是自己的人生。

剛畢業進入職場後，找到這份工作的原則，雖然進入障礙不難，但是所需面對的細節以及訣竅很多，溝通不單是溝通，而是要思考的溝通，看到誰什麼話可以說以及不能說，都會影響到公司、個人、或者是某人的政治生涯。這一切的能力歸功於我的父母給我很正向及看世面的機會，以及在博雅書院的生活，每一項的活動與任務都有滿滿的學習，而我們所需的軟實力不只是說說而已，更重要的是實踐力，因為過往的學習讓我在工作上可以得心應手，這真的是很難能可貴的經驗。

看不見的能力，是書院帶給我最大的禮物。

我告訴自己，要奉行博雅宣言所說，「我願意，做為博雅教育的實踐者。」永遠謙虛、寬容，並時時刻刻關懷需要幫助的人們和我們唯一的地球。

我和博雅書院相處的十年

朱宸儀　東海大學法律學系。博雅書院第一屆榮譽畢業生。北京大學中文研究所文藝學系碩士。
現職：茶文化研究者、好茶迷茶文化工作室負責人。
一個思考跳耀，喜愛當鮮的美食愛好者，對美和自然深深著迷。大學以前對於自己的人生方向毫無頭緒，從東海大學哲學系轉到法律系後，又發現自己不適合讀法律，於是到布拉格當交換學生，作為生命裡的Gap year。這一年裡我背著背包行走了十九個國家，在接觸了不同的文化後，終於找到了人生方向。爾後進入了北京大學中文研究所。現在是一名茶文化研究者，開立好茶迷茶文化工作室，推廣茶文化。

有時候連自己都覺得不可思議，到底是什麼樣的力量和哪裡來的自信能支撐著自己，在做每一個選擇時，得以不畏外界的眼光，堅守著自己心中的理想，走一條少有人走的道路。

現在的我，是一個茶文化工作者，去年剛從北京大學文藝學系美學組畢業。研究的課題是：中國茶文化的美學精神探析。我的理想是學好自己的文化，並且透過茶，將台灣及中華文化的美傳遞到世界。

當我在此講述我的理想時，你可能很難想像，十年前的我，進入了東海大學哲學系，在大二時轉到了法律學系，並且從法學院畢業。從學歷看來，與我當前所從事、關注的行業八竿子打不著。但我又是如何走到這一步的呢？我想這與我大學時期參與了博雅書院，有著很大的關係。

冒險開始了

十年前的一個平凡午後，我接到了一通博雅書院邀請入院的電話。電話中，博雅的行政老師告訴我，東海大學剛剛成立了一個名為「博雅書院」的單位，說老實話，聽完了行政老師一連串吸引人的介紹後，我仍然不明白博雅書院到底是什麼？但有一個直覺蹦入了我的腦海中：加入吧，這會是一場有趣的冒險。就這樣，一場冒險開始了，我一頭栽了進去，再回首，已經是十年後……

相互支持，就能看見更美的風景

時間拉回二〇〇九年的夏季，我參加了喜馬拉雅山服務學習計畫。那時候，博雅書院、台灣大學、家庭扶助中心和台灣體育大學一起合作，預計攀登到海拔五千三百六十五公尺高的喜馬拉雅山基地營，並且在三千多公尺高的昆窮社區進行社區服務。那是一個為期半年的專案，從文案撰寫、募款、四所學校之間的溝通，到高強度的體能訓練，對我來說，無一不是全新的嘗試。在這半年的籌備期當中，

喜馬拉雅山遼闊而蒼茫，攀登的過程非常辛苦。因為一路上有夥伴的支持，最終才能順利攀登至5365公尺高的基地營。

我跨越了諸多的困難。然而，讓我印象最為深刻的事情是：支持與被支持的重要。

我從小在都市長大，平時怕曬黑，喜歡逛街，不喜歡運動。突然向家人們提出攀登喜馬拉雅山的計畫，大家都感到非常驚訝，認為這是一個不可能的任務。老實說，連我自己都感到懷疑。幸好，主持計劃的老師規定每一位參加者必須找到兩名支持夥伴，並且與這兩名夥伴共同完成登山前的山訓。這兩名夥伴並不會一同前往登山，但是他們卻需要督促、陪伴登山者，完成每天兩公里的跑步訓練。我認為這是我最終能完成任務的關鍵所在。

記得訓練剛開始時，我常信心不足，也想要偷懶，反觀我的兩名夥伴卻對我無比的相信。他們總是準時到達學校操場，陪我完成約定的訓練。經過半年的訓練，我積累了一定程度的體力。更重要的是，這看似簡單的行動磨練了我的意志力，並且給予了我強大的心理支持。當我想到不登山的人願意陪伴我並且相信我能登上山峰，我怎能懷疑自己，不堅持到最後呢？

經過了那段時期的磨煉，我才明白，原來支持的力量這麼強大。最終，我完成了預定的目標，和團隊們一同在喜馬拉雅山基地營揮舞著博雅書院的旗幟。看著院旗在遼闊綿延的山上，驕傲地迎風飄蕩著，那一刻我流下了感動的淚水。在淚與笑容參雜的山峰上，我興奮地擁抱身邊的每一個人，心中也默默地道了感謝：感謝每一位給予過我鼓勵和支持的人，也謝謝那一個願意相信夥伴和自己的我。

那一年我十九歲，在大山面前，我收下了這輩子最美好的禮物。我偷偷地許下了承諾，從此以後，我要當一個能夠支持他人也願意被支持的人。同時，我也學會了相信自己，因為我知道只要我願意，我能做到的遠比自己想像的更多。

做出行動，是擴大影響力的開始

記得大學時期的我總是看起來很忙碌，不是趕著去上課、聽演講、參加新的課程，就是正在籌辦活動，連假日也都沒閒著，行事曆總是安排著滿檔的行程。

那時候的我，除了忙於完成法律系繁重的課業，還喜歡到不同的系所旁聽自己感興趣的課程。除此之外，一週至少會聽兩場以上的演講，演講的題材涉及政治、文學、音樂、管理等，只要看到感興趣的講題，我就忍不住到場聆聽。這種跨領域學習的習慣是在書院培養的。我也時常自願擔任書院活動的工作人員，趁著演講前後的短暫時間，向講者提出心中的疑惑。久而久之，我不僅積累了見識，也意外的收穫了應對進退的能力。更重要的是，這讓我更了解自己的興趣所在，也在心中隱隱地繪出自己想要成為的樣子。

在書院生活的期間，除了知識上的學習，老師也時常提醒我們實踐的重要，也要求我們要有大學生的社會責任，這是我在上大學之前很少被告誡的。因為過去我總感覺自己只是一個渺小的普通人，學習成績普通，就讀普通的學校，「社會責任」這繁重的任務不應該落在普通的我身上。然而，這樣的認知卻在書院的學習過程中被打破。大一時，一個假日午後，書院導師帶著二、三十位書院生在大肚山社區裡步行，一走就是五、六個鐘頭，一路上，導師說著東海的歷史，談論著大學成立之初的目的。他鼓勵我們，隨時隨地都要學會觀察、反思，並且付諸行動，讓我們的環境變得更美好。

為此，我跨出的第一步，是在大二上學期主動製作海報，張貼在校園各處，希望募集二手文具、書籍以及衣物，送到學校附近的一間身心障礙幼稚園。在活動籌備時，我對於活動是否會能得到響應感到質疑，時常徹夜難眠。一直到了募集物資的當天，看到許多不認識的同學，甚至老師，打包各種二手物資交給我時，我才相信了老師說的：只要能在自己的身上看見社會的責任，並且拿出行動，每一個人都是有影響力的。

大二時，紀錄片「正負2℃」正在熱映，這部談論全球暖化及環境保護的紀錄片勾起了我對於環保議題的興趣。我主動報名國立科學博物館的地球日活動，活動結束後，我向科博館提案，希望能在東海大學舉辦類似的活動，並得到了科博館的認可，撥發了兩萬元的經費作為我的提案的支持。爾後，我將當日在科博館客座的老師請到東海大學講座，並且在東海大學內部舉辦校園熄燈日、環保餐具使用連署等活動，參與的人次超過兩百人。雖然因為活動思考的不夠縝密，造成活動延續性不足，但是這場活動的經驗卻給了我十足的震撼力。

原來，當我們認真要做一件大家認為是對的事時，身邊許多人都會聯合起來幫助我們；原來，做一個有影響力的人，不僅僅是學業頂尖的人的專利；原來，世界有這麼多的面向，只要我願意嘗試，我就能看到更大的世界。

找到一條適合自己走的路

剛進入東海大學哲學系時總是被詢問：「妳讀哲學系出來要幹麻？」說真的，我也不知道。於是大二時，我轉到了法律系。我永遠忘不了當從事法律工作的父親和哥哥聽到我轉到法律系時那藏不住雀躍的神情。全家時常熱烈討論著，將來我畢業後，可以一同成立法律事務所的理想藍圖；然而，我卻沒有辦法開心地加入討論，因為我總是質疑自己是否適合從事法律事業。一直到了大三，我終於確定法律行業不是我心所嚮往的志業。但是，我仍舊不清楚自己要做什麼？在對未來沒有具體方向的情況下，我沒有勇氣告訴家中長輩，自己放棄了哲學系的學業後，又想要離開法律系，另尋他途。然而，在經歷博雅書院三年的積累後，我學會了傾聽自己心裡的聲音，雖然我不知道自己要走向哪一條路，但我卻清楚知道法律之路不是我的方向。在經歷了三個月的家庭戰爭和激烈的溝通後，我說服了家人，同時拿到交換學生的資格，前往布拉格進行為期一年的交換學生生活。

在布拉格的這一年裡，我遇到來自世界各地的同學。我和希臘學生討論著希臘破產的問題；跟德國留學生聊著納粹時期的敏感話題；到波蘭學生家過平安夜，體驗天主教對家庭的影響；和韓國學生學習生活的美學；和法國學生談論電影裡的法

在歐洲交換的一年裡，最大的收穫就是和來自不同國家的同學相處。

式風情。我背著行李，用最少的旅費走訪最多的國家。在到過的十七個國家中，我看到了歐洲的浪漫風景和悠遠歷史留下的痕跡，在異國文化不斷轉換的過程中，不自覺地反思自己的文化本位。我常在想：來自各國的人們都能清楚談論自身的文化，而我又該用什麼樣的方式、什麼樣的姿態向世界介紹我的家鄉呢？

台灣，是一個人文薈萃的寶島。我們這一代是在美國、日本、中華等多方文化薰陶下成長的，這養成了我對於異文化的包容，且對於新事物總是抱持著開放的心態。過去我時常為此感到自豪。然而，當我置身在歐洲時，我才驚覺在自己走出台灣，有機會站在世人的面前傳遞家鄉文化時，我卻沒有能力清楚說出家鄉的特色、和我們獨有的人文歷史。

就在我感到困惑與自責的時候，耳邊總是會

想起博雅書院的老師在大學時期一直向我們說的：「傳承」的重要。在迷惘之際，心中也有一個強烈的聲音告訴我，如果真的覺得文化傳承是一件重要的事情，那就勇敢去追求吧！

信念支持理想，累積能力走出自己的路

一年的歐洲交換學生生活結束後，我回到了台灣。經過了這段期間的自由學習、嘗試、和反思後，我終於明白自己對於文化是非常喜愛的，我也終於能向家人宣告，未來我想要往文化產業的領域努力。

一年又過去了，在多方考量和分析之後，我決定跟隨自己的興趣和天賦，從自己喜愛的飲食文化著手，並且將著眼點放在茶文化的研究上，進而實現傳承文化的理想。

有了明確的目標後，我上網搜尋了世界各地與茶文化的相關機構，我發現不論中西方的茶文化專家，都曾有過造訪台灣或是中國大陸的經驗。這無疑又將我推了一把，更加深了我想要鑽研文化根基的心願。於是我著手申請北京大學的中文研究所。不知道是否是茶文化的魅力幫助我說服了在場的面試官，總之面試的幾日之

如今每天泡茶、品茶成了我的生活習慣。

後，我收到北京大學研究生的錄取通知。面試官對我說過的話，我也一直謹記在心，他說：「北京大學中文系從來沒有人研究過這個題目，這會是一個很有趣的研究課題，但是相對的，妳也會比較辛苦。」

一眨眼，我在陌生的北京城裡渡過了三個春夏秋冬。這三年裡，我站在孕育中華文化的土地上呼吸著不怎麼清新的空氣，不斷在陌生的學科、文本、課堂報告、論文中打轉，我很享受和北京大學的優秀學子們一起學習的過程，同時也被巨大的學習壓力壓得喘不過氣，更時常會深陷在自我否定中無法自拔。然而，我卻沒有忘記入學的目標，為了有一天我能夠把自己的文化透過茶傳播到世界。我告訴自己，一定要在實踐與理論兩個方面同時進行下功夫。我完成了培訓的課時要求，拿到了茶藝師及評茶師的證照；盡可能的收集資訊，讓自己像海綿一樣不斷地學習。終於，經過了三年的努力後，我拿到了北京大學中國語言文學系的碩士學位，也從一個法律人轉變成了一個茶文化的研究者。

我又想起了十九歲那一年，喜馬拉雅山送給我的那一份大禮。

在外求學的三年裡，總有許多孤獨難耐的時刻，即使自己的目標還算清楚，但仍會有感到辛苦難熬的時刻。這時候的我總會想起大學時期和我一同相互支持、鼓勵的夥伴，和書院那群總是願意在我們身上付出時間與心血的老師們。追求理想的路上難免辛苦，但我們仍然堅信著自己相信的價值，實實在在的守著自己認為重要的事情，或許還能在堅守的路上不經意地影響了別人。

今年是我闖入茶文化的第五個年頭，我開始發表相關的文章，也當起了茶文化的講師，同時籌備著茶文化工作室。這五年來，我踏過的路、認識的人、閱讀過的書更多了，但是當時的初心仍然堅定不移，沒有改變。我很慶幸當時的我鼓起了勇氣相信自己心裡的聲音，踏上了與別人不一樣的路；我更慶幸的是，我給了自己這個機會，加入博雅書院，開始了這一場人生的冒險。

我失，故我在

江明遙
東海大學法律學系學士、碩士。博雅書院第二屆榮譽畢業生。
經歷：Wakey微課行銷企劃。自媒體工作者。2016 iYouth青年國際圓夢平臺，短片創作比賽佳作。2016 RICOH GR 10週年攝影比賽優選。2018外語領隊人員及格。2018親子天下教育創新100，影片入選。
現職：Instagram平台——別墅裡的一百種味道創辦人。
樂於從做中學的慢熟牡羊男，捧了好幾年的六法全書，才發現自己更喜歡實踐創意的過程。擅長以「諧音」作為一切思考的起源。哦！對了！他還是一位食記部落客（嗝～）。

「待圖文全數上傳後，再按下分享鍵，即完成今日排程。」

我從法律系畢業，現在是一名自媒體工作者。

大學畢業之後，繼續攻讀東海法律研究所，直到二〇一七年八月才離開校園。按照一般人咸認的「標準作業流程」，大學和研究所皆鑽研法學，將來勢必繼續從事司法工作吧？可我就是那刻板印象下的特例。仔細回想，或許是書院從不吝於提供學生舞台的特質使然，讓我毅然決然追求更多所學之外的可能。在書院期間，曾擔任多項活動負責人，除了結識許多至今依舊保持聯繫的摯友，也讓我從中無形累積了做事的要訣與縝密思維。

二〇一一年，遠赴加拿大魁北克省參

大學畢業之後，繼續攻讀東海法律研究所，直到2017年8月才離開校園。

加「Katimavik青年工作營」。該組織原本僅開放當地十七至二十一歲青年報名參加，而經由書院從中媒合，讓我們成為Katimavik創立三十年來首度獲邀的外國人。在農場及企業進行為期半年的志工服務，讓高關懷青年們擁有一技之長、學習第二外語，並瞭解在地文化。

工作營正式開始前，我們必須主動與社區農場或商家主人聯繫，於面試後始能確定服務地點。首日，我和夥伴先被店主載到農場熟悉環境，看著周邊的綠意盎然，不免開始嚮往未來「農情謐意」的悠閒時光。詎料隔天再訪時，老闆卻以店務繁忙為由，讓我們在店內呆坐了半晌。三個小時之後，索性請我們去清除門外欄杆的鐵鏽，一天就這樣莫名的過去了。當時心情非常沮喪，捫心自問這真的是我們想要體驗的初衷嗎？

我們與十位加拿大青年同住，白天在各自的單位服務，晚上則回到宿舍一起下廚、學習第二外語，或率性的扛著音響和酒飲，伴著笑語朝海邊走去。

當晚返回宿舍後，便試著向管理人提出更換職務內容的想法，遂輾轉來到社區幼兒園，負責協助暑期夏令營的各項庶務工作。我們與十位加拿大青年同住，白天在各自的單位服務，晚上則回到宿舍一起下廚、學習第二外語，或率性地扛著音響和酒飲，伴著笑語朝海邊走去。憶起那段時光，雖因語言不通暢而錯過深度交流的機會，但仍對人與人之間的真切情誼津津樂道。

回國後，受邀至台中廣播電台分享相關見聞，一圓廣播夢。有了這次海外壯遊的經驗，後來二〇一六年更以隨團人員的身分，帶著書院的學弟妹參加「世界有機農場機會組織（World Wide Opportunities on Organic Farms, WWOOF）」，前往加拿大溫哥華農場打工換宿，體驗最自然的生活方式。透過每週一次的例會，完成了農場選擇到旅程規劃。除了收穫頗豐，也從中深刻感受到唯有打開自己的心，世界才有機會走進來。

不過，人生沒有所謂的一帆風順，猶記得研究所階段，曾歷經長期的自我懷疑。縱然每天早上八點準時到圖書館報到，並一路待至閉館。但其實心裡明白，自己只是待在一個能暫時將頹圮合理化的地方，實則虛度光陰。面對大學同學紛紛踏入社會，甚至在職場上嶄露頭角；抑或早已確立人生目標而投入公職考試。反觀消極、毫無目標的自己，對於這樣的日復一日卻束手無策。直到開始經營自媒體後，而有所改變。

由於熱愛大啖美食和攝影，起初先在個人Facebook頁面分享東海大學周邊的餐廳資訊，陸續獲得不少好友迴響。二〇一五年暑假，在手機儲存空間不足以存放更多美食照片如此荒謬的原因之下，決定創立一個以東海別墅商圈為主的Instagram食記平台──「別墅裡的一百種味道」。不僅記錄自己的日常三餐，也暫時解決了手機儲存空間不足的困擾。原本只把這個帳號當作記錄個人三餐所用，隨著關注的人越來越多，我才發覺這其實是一個能夠發揮影響力的平台。藉由手機拍攝美食、記錄生活的點點滴滴，讓我從中轉移注意力，漸漸邁出過去的壓力和低潮。除了鍛鍊和發揮自己的觀察力和創意，亦與許多店家成為默契十足的夥伴。如今，追蹤者已逾兩萬人，成果讓人始料未及。

作為時興的自媒體，所牽涉的範疇包羅萬象。不但需要學會如何行銷、培養與不同店家溝通的技巧，更得審慎處理網路世界的情緒。後來更憑藉著當初的無心插柳，意外獲得許多機會及挑戰。在某次採訪東海商圈餐酒館的過程中，心想或許可以藉著即將到來的聖誕節，力邀店家共同玩出不一樣的創意。我構思了一個企劃，利用一分鐘的教學短片，教導外宿族如何簡單利用手邊器材輕鬆做出各式點心。運用自己的諧音技巧為計畫命名，「超限時煮藝」於焉而生。

餐酒館內的設備和器材，便是現成的攝影棚。從腳本規劃、畫面拍攝到影片後製，均利用過去積累的能力，與另一位夥伴合力完成。而後始知原來老闆夫妻倆兼營學區租屋業，基於過去合作上的默契與互信，邀請我們再度協力拍攝租屋房型及環境介紹的形象短片，同時拍攝如何引導國際學生從各大交通樞紐前往住宿點的系列影片。

現在回想起來，還是覺得這樣的際遇不可思議。待社群平台發展更成熟時，我曾試著鼓起勇氣向學校附近的購物商場接洽，詢問與其旗下各大餐飲品牌聯名合作的可能性。從簡單說明來意，再到未來能產生的預期效益，經過長達兩個月的訊息往返，最終順利取得應允。與知名餐飲業合作的經驗，和平常信手拍照記錄的流程不同。不但需要精準掌握每個細節，所見識的格局也大上許多。或許就像電影「我們買了動物園」（We Bought a Zoo）中所說：「有時候，我們只需要二十秒的瘋狂勇氣。」不做也許不會怎樣，但做了肯定很不一樣。

另外最令我印象深刻的，則是二〇一八年五月以「小編」身分受邀返回東海大學，分享經營平台這一路走來的故事。演講以「紀食開始」為名，即自從開始記錄美食之後的收穫與發現。從諸多關於百味的好奇破題，接著分享背後那些不為人知的酸、甜、苦、辣，以及如果也想成為部落客的相關準備。最後，則是娓娓道來經營自媒體所教我的事。藉由準備的過程，才發現自己能夠分享的內容不勝枚舉，更首度讓一個虛擬平台走進實際生活。

畢業之後，獲邀擔任線上學習平台「微課Wakey」的行銷企劃。進入團隊一陣子，不免好奇地問負責人，為什麼當時無須審閱履歷就願意錄用我？而他則說道，其實日常生活中的做事態度，就是一個人最好的證明。社群運作上的經驗及責任感，是我成功得到這份工作的關鍵。新創團隊的步調相當緊湊，隨時都必須因應趨勢話題而調整排程。沒有固定的上、下班時間，畢竟隨時都可能有任務發生。過程中，其實很享受這種隨時接受挑戰的節奏感，幾次也曾因為設計出令人驚豔的文案而獲得不少迴響。隨著時間一長，接踵而來的瑣事終究讓我的狀態變得疲乏。而後正逢團隊欲進入另一段關鍵性的發展，加上負責人覺得近期我的表現已不如過往。

我始終相信生活不應該只有一種玩法，即使現在的自己「不務正業」，卻也過得比以往充實。

半年後的一通深夜來電，我失業了。儘管對於毫無預警的通知感到意外，但個性樂觀的我並沒有為此失意太久。反而重獲了更完整的時間來思考如何取捨，並敦促自己變得更好。

經營社群平台，彷彿再度複習過去和夥伴一同在書院籌畫「學生自主方案學習計畫（Active Project Learning, APL）」的過程。我們曾在大學三年級發起「蒐集快樂」的行動，希望透過實地訪談不同的受眾，瞭解每個人對快樂的定義。當時懵懂，還誇口設下想蒐集一萬份「快樂履歷表」的天方夜譚。可想而知，最後當然事與願違。我們共同走過清晨的東海校園、人潮如織的勤美綠園道……等地。曾被民眾婉拒，也曾收到熱情的回應，從師長的回饋中調整方向並完成計畫。對我來說，執行計畫的過程中，最重要的並非有否完成預期目標，而是從中學習如何與同儕合作、規劃可行性方案，以及具備承認失敗的勇氣。爾後自己在經營社群媒體時，仍深深受到APL影響。誠如其宗旨，讓一件好事發生、讓一件好事被大家知道、讓一件好事持續發生。

我特別嚮往印度聖雄甘地（Mahatma Gandhi）所說的：「成為你在世界上想被看見的改變。（Be the change you want to see in the world.）」書院向來提供的是學習的機會和養分，而非成長的保證。機會，只有對懂得把握的人來說才有意義。遲未瞧見的人，不免覺得這裡安排的內容索然無味；而發現箇中滋味者，即使身處不同環境，也能帶著這份幸運，繼續在人生坦途上發光發熱。

法律人的身分於我而言，是一種能隨身攜帶的軟實力，而非禁錮人生的枷鎖。乍看之下，暫別法律這條路，似乎失去了人人稱羨的光環，但我始終相信生活不應該只有一種玩法，即使現在的自己「不務正業」，卻也過得比以往充實。「我失，故我在。」縱然有所失去，卻也有所獲得。

狼狽的菜鳥社工，那些想要逃跑的時刻

林芳庭

東海大學社會工作學系。博雅書院第四屆榮譽畢業生。經歷：家扶基金會社會工作師。現任博雅書院專案助理。

反覆和自己拔河的少女，努力敲破完美主義的外殼，帶著社工魂四處走跳的同時，不斷自我修練；著迷於人與人之間的細膩互動。相信每份平凡中都有它的不簡單，期待自己真誠面對，有意識地走出一條屬於自己的路。

「妳剛剛聽了那麼久，結論就是覺得我有病、叫我去諮商？我受的委屈跟痛苦妳都沒聽見嗎？」

「妳才說我跟我先生的財務糾紛是需要當事人協調、妳無法介入，現在又要過問我的生活？林社工，妳不覺得妳很矛盾嗎？這些都是家務事，妳管不著。」

「妳知道我有多羨慕妳嗎？妳年輕、有工作、沒有家累，妳有自己的經濟能力、不需要仰人鼻息，這些我都沒有。」

「妳服務我最終不就是想要結案？那妳現在就可以結案了，反正我的問題妳也解決不了。」

永遠不會忘記，這麼多尖銳而難以招架的質問，就發生在一個普通的便利商店裡，周邊的人來來往往，有些甚至偷偷注視著我們。我對面坐著一位年輕的母親，可以從她敘述的內容、分貝、表情、肢體動作感受到她充滿憤怒與受傷。作為一個社工，我也期待自己能夠好好傾聽、安撫與陪伴，但在她怒氣的高分貝質問下，我簡直不知所措，不知道該怎麼回應、又該回應什麼，路人的眼光更讓我極不自在，在那個當下，我只想逃跑。

身為一個菜鳥社工，面對著各式各樣、不同狀態的案主，這就是我的工作日常。經歷了大學四年的社工教育後，我順利進入基金會工作，成為一名兒少社會福利領域的社工。那時的我宛如初生之犢，社工系的成績排名、應屆社工師的光環、博雅書院四年的累積，都讓我覺得自己已準備萬全，只待奮力一躍，即將大放異彩。但在我美好想像之外的現實是：踏出校園，進入社區，走入家庭，每一部真實的人生戲碼，每一個無解的家庭難題，都讓我這個自認為充滿愛心、活力與專業的菜鳥社工只想跟著一起哭喊：「人生好難！」直視每個孩子的眼神，充滿好奇的、憤怒的、懵懂的、受傷的、世故的、一片茫然的，再回頭面對那歇斯底里的年輕媽媽、未婚懷孕的叛逆少女、工地操勞的單親爸爸、年邁無力的隔代阿嬤，每個家庭都有自己的故事，而我的愛心幫不上忙、我的活力也消磨殆盡、我的專業更回應不了那些沉重的質疑。

甫出社會的衝擊，充滿質疑與茫然的自己

那時候的我，總是有好多矛盾與茫然，覺得這些個案生活的世界與價值觀都好陌生，光要試圖靠近他們的視角、貼近他們的情緒就已經困難重重，哪怕真的與個案建立關係，走進他們的生命故事裡，我也時常不知道該帶著他們往哪裡去。人生沒有標準答案，我只能和他們一起迷航，給不出一個更好的方向，到底該如何追求一個更好的生活？我也不知道。

除了矛盾與茫然，那時候的我，更充滿許多質疑；不僅對這個社福體系的運作，也激烈地批判著自己。這個社會期待社會工作者來解決很多社會問題，但我時常連自己面對的是什麼問題都不知道。要做社工，先學做人；一個剛出社會的菜鳥，其實是跟著案家學習怎麼入社會。我覺得自己在案家面前簡直是一張白紙、一無是處，連別人的處境都還沒能感受，倒底怎麼精準評估、甚至提供服務呢？我甚至一度消極地想，個案還是別浪費生命跟我會談好了。

好幾次我都想成為社福界的逃兵，逃離這些沒有答案、我根本負荷不了的生命故事，也逃離那個無力、迷惘又挫折的感受。但我沒有臨陣脫逃，因為知道這些都是成長的過程，而成長本身就是辛苦的，必須脫離舒適圈。

硬著頭皮也要堅持，能夠勇敢面對的原因

之所以能這麼篤定的、硬著頭皮的、狠心的也要自己好好學，狼狽害怕也能堅持不放棄的原因，現在回想起來，原來這不是我這輩子第一次有這樣的狀態。在博雅書院的學習歷程中，尤其畢業前所必經的「展翅營」及「自主學習計畫」，我也無數次經驗這種「想逃離一切」的衝動。

在展翅營時，走在那長到看不見終點的公路上，我好想逃跑，隨便哪台車把我載走都行，我真的不想走也走不動了。可是我沒有逃，硬著頭皮地一步接著一步，慢慢走到終點。在自己獨處的夜晚，荒郊野外，四周漆黑一片，我這都市小孩簡直像是驚弓之鳥，一點風吹草動都讓我緊張不已，想逃也不知道光在哪兒，想哭身邊也沒人；但我沒有真的逃跑，而是運用現有材料搭起一個小棚子，催眠般的強迫自己趕快睡著，度過黑夜。

在自主學習計畫中，每次團隊吵架時，面對會議室裡凝重而令人窒息的氣氛，我更想逃跑；團隊裡每位都是我的朋友，而好友之間的互相指責怎會如此尖銳而難堪，我根本不知道該怎麼辦，只能假裝鎮定的試圖協調，反覆溝通，甚至粉飾太平。在很多次不顧一切想消失在地球表面的經驗中，我當然不可能如此戲劇化地獲

博雅書院展翅營，累人的長距離行走。

得解救，而是被迫在原地，面對當下的困境。雖然回應困境的方法不完美，狼狽又笨拙，但我從中深刻體悟到這些踏出舒適圈的成長，得來不易卻很真實，它讓我累積克服困難的自信，知道自己面對未知時只要不逃跑，就算硬著頭皮、假裝勇敢也無妨，最終總會拓展自己的極限，讓自己醞釀出一些故事與成熟。

歷練的過程，我的所學所獲

回到故事的最初，面對著一位充滿憤怒與受傷的年輕母親，我的狼狽與難堪都沒有讓我逃跑，在一輪又一輪的負面情緒轟炸過後，我選擇拋棄所有安撫情緒的場面話、掀開自己的偽裝，讓她看見我真實的情緒。我說：「媽媽，坦白說妳的問題我都沒有答案，我很想幫助妳，但我也

博雅書院展翅營，自己利用有限材料夜宿山區。

覺得好挫折……」出乎意料的，年輕母親的情緒突然緩和下來。她知道自己不該對我發怒，但她控制不了自己的情緒，而且已經很久沒有人願意像我一樣坐著好好聽她說話。

那天下午的會談後，我不但獲得她的道歉與感謝，更建立起關係的連結，這是我始料未及而至今仍印象深刻的。

社會工作是一門助人的藝術，因為對象是人，重點也是人，沒有標準答案，每次的會談都像把自己直接丟進大海裡學習游泳，當然事前準備有所助益，但當把自己放在個案面前那刻，因著彼此當下的狀態、經驗、理解不同，該執行多少處遇策略、該給多少順其自然、該如何同理及回應、又要多長時間等待，這些問題就像千變萬化的海象，而我必須學習與之共處；時常在狂風暴雨中嗆水，又或者是風平浪靜時突然襲來一個超大海浪，你永遠不能百分百確定給出回應後，將要面對的反應是什麼。被海水嗆到的感受很差，面對巨浪時也很害怕，但我始終沒有逃跑，硬著頭皮也要跳水。

為了能和個案真實而真誠的建立關係，我從互動中慢慢覺察自己的框架與標籤，自我覺察後再進一步調整眼光、放寬限制，扎實體認到對自己的瞭解是一門修練。當我愈能清楚掌握自己的狀態、接納自己的不完美、相信自己的價值，就愈能夠真誠和他人互動、建立關係。

而我在修練的過程中，時常沒能閃過陷阱、多次掉進谷底，在灰頭土臉時，最常做的就是告訴自己：不要逃跑，站在原地好好反思，想想「自己怎麼了？」、「對方怎麼了？」、「這段關係怎麼了？」、「他生氣的背後是什麼？」、「他沒說的是什麼？」、「我們可以再有什麼可能？」

一連串的自問自答、經驗蒐整、校準方向、爬出低潮、繼續修練。我知道我不完美、容易犯錯，但錯多了就會對。重點是我能否透過反思，把自己的失誤累積成下次的經驗。也因為這樣反覆、扎實而不逃避的練習，我發現自己的狀態逐漸穩定下來。雖然個案的問題一樣難解、情緒依然複雜、會談仍然壓力十足，但我似乎度

自主學習計畫，愛家行動APL合影。

過了一段長長的撞牆期，可以較冷靜地思考、更篤定的應對，開始累積一些自信，不那麼狼狽，甚至陸續獲得來自個案、同事及主管的回饋；也從不斷挑戰的過程中找到一些成就感，對於個案工作有愈來愈多的動力與興趣。就是在這個時刻，我突然意識到自己可以站穩腳步，不再是那個一天中想逃跑無數次的菜鳥社工了！

新的方向，因著渴望而離開

人在掙扎求生的時候，往往讓自己沒得選擇，不敢也不想面對更多的未知與挑戰，當我意識到自己的狀態穩定、慢慢建構出正向的工作態度與學習循環後，才有多餘的心力去思考自己的職涯規劃是否還有其他選擇。記得我只問自己一個關鍵問題：「越來越穩定的工作狀態、對個案工作的興趣，及許多的回饋與支持，是否能讓現在的我決定要一輩子當社工？」

抛開外在的聲音，心中的答案是否定的。我對社工這份工作充滿興趣及熱忱，但我不想一輩子就只做一份工作，尤其在經歷書院充滿多元且跨領域的環境後，總覺得世界很大，而我可以趁年輕時去更多不同的領域嘗試與累積。對於未來，我充滿好奇與勇氣。聽清楚來自內心最真實的答案，我便立刻提了辭呈，並非在最混亂不堪的時候選擇離開，而是渴望對世界有更多的探索，就像我不斷告訴自己的——「哪天我真的離開，絕不是因為想逃離，而是因為找到新的方向。」

現在的我，選擇轉換跑道，不是因為挫折而放棄社工身分，而是相信自己可以嘗試更多不同的可能；在幾個工作的選項中，順著自己的心意而回到書院擔任專案助理，對我來說是一個從沒想過卻備受祝福的選擇。我很清楚自己的目標，也深信沒有白走的路，只有多看的風景。如今我正走在實踐與學習的道路上，我知道這條路不會簡單，但我也不畏風雨。

博雅情

林雷文

東海大學經濟系，雙主修財務金融，輔修資訊工程。博雅書院第五屆畢業生。第二屆赴臺陸生。

經歷：2018年6-12月Freddie Mac資本市場部量化分析實習生。目前在美國華盛頓哥倫比亞特區的喬治華盛頓大學就讀商業數據分析學（Business Analytics）碩士。

從雙腳邁入大學的一剎那，直到現在在美國讀書工作，「博雅」對我的影響十分的巨大。每個人對於「博雅」理解各有不同，我想結合那段在東海念書和現在在美國的經歷談談，我自己對「博雅」的理解。

我在博雅的日子

書院生想從東海書院畢業必須完成書院規定的「六藝」、四大課程、音樂、表演、辯論和東西方文明等等，以及最後的「自主性方案學習」。這些課程讓我學會了思辨、服務精神、團隊合作。

辯論課中，我本來一直認為辯論最後會有一個最終明確結果，但事實上，正反雙方基於各自立場的收集、呈現具有說服力的證據。通過辯論這堂課，我明白真相往往是愈辯愈不明的，而真理並不是非黑即白。亦或者「東西方文明課程」，讀到的民國時期學貫中西的名家王國維、陳寅恪、梁啟超對於當時提出的民主憲政政體和舊有少數精英政體的觀點對立。這堂課讓我對西方民主自由的體制，從原本的盲從，開始能批判思考西方民主制度在東方社會的種種不適合和短處。

博雅書院的課程打開了我們視野，從不同的角度（人文、政治、科學、商業等等）去看、去思考一件事情，讓我盡可能脫離帶有偏見的、狹隘的預設立場，去學習辯正地思考事物。

博雅書院另一大核心課程是服務學習。譬如，每學期都有由書院生主辦的「晚餐會」，每次晚餐會的主題都不太一樣。有一次的主題是「印度」，開會時就有人提出跳印度舞蹈的想法。我覺得這就是服務學習與志工不同的地方，因為每個人都可以有主動參與機會，讓人感覺每個人都可能主導這個項目的最終走向。因為如此，書院生有很多自主性。每個服務學習項目結束之後，都會有反思階段，把這次做好的和有待加的部分強作為反思反饋，或以分享會的形式、或文案、或當面指導的形式傳遞給學弟妹。

書院的價值體系中最強調就是團隊合作。

書院有句名言：「一個人可以走得很快，一群人可以走得很遠。」

書院第一堂團隊合作課是「體驗營」。體驗營有一個活動是攀岩，而我需要把自己的安全繩交給另一個同伴，而他必須隨時用力固定好安全繩，這樣發生意外的時候才能保證我的安全。這個攀岩是考驗我們對夥伴的信任。另外還有就是「爬牆」，每位夥伴都伸出自己的雙手，讓每一位同學都可以順利安全過這堵牆。

書院生完成結業之前必須參加「展翅營」。展翅營是類似大約兩到三天的團隊戶外長距離登山的活動。我們大部分的夥伴並不是登山老手，很多甚至第一次參加這樣的活動。我們準備不充分，有很多人跌倒、腳皮磨破等等狀況。我們走的是無耳茶壺山，那時候大冬天，又冷又濕，當天還下著大雨；加上山上會起霧，有些地方的能見度很低，甚至看不見兩公尺外的懸崖。這種情況下，有的同伴因為受傷而行動遲緩，有的因為疼痛或害怕流淚；但我們互相照顧，幫受傷的人找急用藥品，等待行動遲緩的同伴，安慰哭泣的夥伴。

正是像這樣一次又一次的團隊學習的活動，讓我們明白了奉獻的意義，讓我們對夥伴的痛苦或喜悅更有同理心，讓我們更加相信夥伴是值得依靠，讓我們堅信一群人是可以做出一個人絕對無法完成的大事。

從書院畢業的最後一關是「自主性方案學習」。我們組那時候做的是「促進校

我們撿垃圾團隊從展翅營回來

園垃圾分類」的提案。相較於前面類似戶外團康的體驗營和展翅營，自學專案學習更像是模擬職場環境下的專案管理。它的總期間超過一年，由學生自主提案，但內容必須符合持續性、社會意義、傳承等書院價值。雖然說學生擁有自主的提案權，但我記得當時全部的提案中有大約四分之三都被評審老師打槍；所以只有四分之一的提案通過，而提案失敗的同學可以申請加入通過的提案隊伍中。

在整個項目完成之前大約每兩、三個月左右都會有審查，就是全員上台報告目前進度和方向是否符合當初提案時的預期結果和書院的要求。每次審查都有如臨大敵的感覺，就是有種不管你怎麼做，都還是會被發現錯誤、被要求改進。評審給的壓力衍生了我們滿多內部矛盾。首先是，對於改進方式的意見不統一，爭吵是家常便飯，甚至爭吵到後來已不能就事論事，而走向情緒上想要戰勝對方的意氣之爭。第二是，不是每個人都能把很多精力投入在自學專案學習，有人要準備考研究所、找工作等等，所以很多人就中途放棄了。

那時候我忙著考CFA（Chartered Financial Analys，特許金融分析師）和托福，所以也有了放棄的想法。但當時的家族導師召集大家開會，不斷鼓勵我，重新統籌項目任務，讓我的任務負擔盡量避開我的忙碌時期，並且理性地就事論事分析爭吵原因；在家族聚會的時候努力調和緩解我們內部的矛盾。後來確實我堅持下來了。自學專案學習並非我想得那麼難，最難的是堅持下去。以至於後來畢業之後，遇到新的挑戰，我心中也一直保持這個信念：如果事後回頭看自己當初的挑戰，它其實並沒有那麼難，只是難在當初有沒有堅持的信念，想想自己在博雅書院這四年都堅持下來了，還有什麼不能堅持呢！

離開，卻仍與書院緊密相連

古人云：飲水勿忘思源。二〇一六年秋天，我來到天普大學福克斯商學院當交換生的時候，收到前書院楊志傑主任（Albert）的臉書動態邀請，參加了大紐約地區校友的聚會。從這個聚會認識了東海大紐約校友會後，他們就經常聯絡我，帶我熟悉費城周邊的環境，分享許多留學生活的經驗給我，讓初來乍到的我少走了非常多的彎路。在參加校友會活動的時候，我以書院生的角度和他們介紹我在書院所學到的東西；比如前面提到的，書院教會了我對一件事件的堅持。我之前為了出國考托福、考GRE、準備文書遇到各種挫折，當我回想起在書院那四年都能堅持下來，這點挫折又算什麼呢。

二〇一七年到美國讀研究所後，第一件讓我憂心的事情就是如何在美國找到實習工作。那時候幾位校友主動和我分享他們在美國的生活和工作經驗，是如何一步步達成自己想要的目標。後來我還在博雅書院的一位主要贊助人的公司實習了兩個月。所以，即便是在離開書院之後，我也一直接受這些默默支持博雅書院的校友們的幫助。畢業之後，我才明白，「博雅」除了給我在書院時所受到的訓練，還有那幫背後提供精神和經濟支持的中流砥柱校友們。

博雅生與其他大學生的不同

校長、前書院主任Albert和在美國的東海博雅畢業生合影

書院著重培養的品質在履歷上是看不見的，所以大部分人可能並不能理解博雅書院在做的事，因為在短期間是看不見明顯的成效。在十分看重標籤、履歷的功利主義氛圍下，博雅書院就是曲高和寡的一股清流。

我曾經是一個很沒有方向感的人，參加許多校內外各種活動、比賽，考各種證書來增加自己履歷上的標籤，想獲得一些安全感。現在，我明白這個價值觀是有偏誤的。標籤、名牌固然重要，但並不能反映你真實的自身價值。研究生剛入學的時候，我通過「領英」（linkedin，職場人士拓展商業人脈的網站）我看到我的同學們以及找工作的競爭對手，他們絕大多數畢業於大陸985名校，還有常春藤，很大部分都曾在世界500強企業有實習或正職經歷。說到證書的話，他們很多都通過CFA、CPA、ACCA、精算師的全部或者一部分考試等等。如果僅僅用履歷相比，我並不出眾。想起我在東海一位老師和我說過的話：「這些證書、經歷so what（那又怎麼樣）？你要思考自己是誰，你要去哪裏，你的目標是什麼？思考如何為他人創造價值。做好選擇，堅持地走下去吧。」王偉華書院長也說過類似的話，「體會與堅持自己的價值，我們每個人來到世上都應該有個目的，有個能對自己、對家人、對社會、對世界有益處的目的。你有非常高的價值，我們只是幫助你來開發。」受到他們的啟發，我開始重新審視自己對他人真正的價值，而非這些證書和經歷。

博雅教育使我走得更遠

在博雅書院的各項活動和課程，無形中訓練我許多軟實力，這些真的幫了我非常大的忙。我大概總結四樣：獨立工作的能力，團隊合作的能力，承擔承諾，跨部門溝通的能力。我的第一份實習是在一家新創企業，因為工作經驗不足，屢犯錯誤，感恩老闆一直願意給我機會。同事跟我說，我們給候選人的任務都滿艱難的，但你一直非常堅持。另外，你能在三天之前找到夥伴完成我們的團隊任務，而且你給老闆推薦其他我們需要的候選人，老闆覺得你人格特質非常特別，所以他對你特別有耐心。我感恩正是博雅書院教會我承擔承諾和堅持，跨領域合作的能力，和書院服務學習中的與人為善的道理。雖然後來我還是因為能力無法滿足他們的期待，離開了第一份實習，但三個月後老闆把我推薦進了房地美（Freddie Mac）。

在房地美實習也遇到許多困難。我在房地美的職責是把部門裡面原本手動操作的流程，全部利用自動化程式替代，以節省項目管理的人力，提升效率。其中我負責的一個項目是寫自動化程式，把部門內所有模型的資料上傳到另一監管部門的網站。當時主管機關給我們的截止日期是七月三十一號，可是就在截止日期的前十天，因為溝通不良的緣故，上傳模型文字描述的部分不足規定十分之一；換句話說，已經上傳好的資料全部要撤回重做。撤回又涉及跨部門間的溝通，又拖延到了時間。而禍不單行的是，此時網站界面做了更新，我們的程式又必須修改來應對這次更新。面對如此多方面的壓力，直到一天，我加班到八點，經理遠程用手機和我溝通，或許這天壓力有點大，我誤運行了舊版本的程式，導致一些錯誤。那時候經理可能過於激動，直接說我寫的程式有問題、說這個項目做完、實習結束你就可以回家了等等，講了半個多小時。回想起在「自主性方案學習」的過程中受到質疑的經驗，我似乎已經開始習慣不會受這種負面能量影響太多，此時我能更好保持內心的平靜，快速解決情緒的問題，集中注意力在解決問題上。那最後一周的白天和黑

我在Freddie Mac實習

夜裡，我想的只有自己一定要趕上截止日，這樣才能讓我們部門不會被主管機關質詢。隨著截止日一天一天逼近，我們組的同仁重新調配工作任務，把我的經理時間放更多在我的項目上，最後我們真的在截止日期之前完成了這項目。後來我的組長和經理直接和我說，雖然新人會犯錯誤，但他們看到我能頂著時間壓力，快速修好這個錯誤。過後不久，我就拿到直到畢業之前的實習聘書，和畢業以後的全職聘書。

我想說的是，書院這四年帶給我的經歷和啟發，我難以用文字寫在這篇文章之中，可是它在關鍵時刻就會出現，給我方向，給我啟發，陪伴我走過難關。

現在回想起來，前面提到自主性方案學習中被評審打槍、質疑等等，在工作中都是非常正常的，我已經滿習慣了，我甚至覺得失敗、錯誤才是常態，但自己要學習如何及時修好你的瑕疵和錯誤。我很感激這段「自主專案學習」的經驗讓我提前適應了職場文化。

當初加入書院，僅僅只是因為被王偉華書院長上知天文、下知地理的豐富內涵，和幽默風趣的演講「騙」進去。在書院中，受到書院老師的耐心、自願奉獻和責任感的影響，潛移默化自己為人處世的風格。實話說，我曾經抱怨過書院的制度、課程設置等等諸多不合理之處，但現在明白了，書院的重心從來就不是這些形式，而是「人」，是那些抱持對我們這些新鮮人孜孜不倦地培養、一直願意默默奉獻和支持、願意身體力行，對東海博雅精神認同的校友們和書院老師們。

東海博雅燃起一段探索意義的旅程

柯君翰　東海大學生命科學系。博雅書院第五屆榮譽畢業生。
現職：The One異數宣言擔任教育訓練專員。

「探詢生命的意義是我的路途，在壓迫的科舉教育下不斷在問、探求為什麼會如此，以及自身存在的意義與價值為何？求學的路途帶著這樣的大哉問前行。幸運的，路途上遇到生命導師引導並啟發我各種面向的可能性。我喜歡冒險、挑戰渴望成長，認為狀況的發生每個人都有責任，與其抱怨不如捲起袖子改變，期待產生正向影響力，讓周遭能因為我的存在而變得更好一些。

凌晨三點在海拔三千七百公尺的尼泊爾山中，頭上微弱的頭燈照著眼前漆黑的小路上，細雨擾亂眼前視線。一陣兵荒馬亂之際，我已上馬朝向山頂前進，剩下我與淚水以及自己生命的對話。

二〇一二年七月在東海博雅書院的招生說明會上，我看見一幅影像——一群人擔著扁擔，走在尼泊爾的山間小路上，爬上高山為當地蓋房子的同時也在攀爬自己生命中的大山。

這幅影像開啟了我和東海博雅書院的故事。我想冒險，我想變得不一樣，我想知道自己是誰，我想知道自己存在的意義與價值，我想與自己的生命對話，像博雅書院的學長姐一樣。

當你全心全意渴望一件事時，整個宇宙都會聯合起來幫助你

尼泊爾大山之旅藏於心底，我打算有把握後再出發。當卓老師主動詢問我東海生活的狀況與願望時，我與老師分享渴望踏上尼泊爾的旅途。卓老師說：「不要準備好了才出發，把握每一次機會，現在就去吧！」

卓老師的話翻轉了我的觀念，我決定以尼泊爾旅途作為挑戰實踐心中的話語——當你全心全意渴望一件事時，整個宇宙都會聯合起來幫助你。心意已決後，開始計畫如何說服家人、申請補助、募款、義賣、節食省錢、賺錢打工、體能訓練等等。每當肚子餓得想花錢買食物時、每當跑到筋疲力竭時，我不斷問自己：「我只能這樣嗎！如果你想不一樣，Keep Going。」

藉由努力與祝福，我踏上尼泊爾的旅程。為了用自己的雙腳走上海拔五千四百一十六公尺的高山。登頂當天凌晨三點，在海拔三千七百公尺高的尼泊爾山中，頭頂上微弱的燈照在眼前漆黑的小路上，細雨擾亂眼前視線，高山的嚴寒讓人受凍。團隊雇了一批馬，登頂的路途中看著夥伴上馬。不時提醒著自己多喝水、調整腳步，但每一口水都冰的難以入喉。我花了半年的時間，忍受不舒服與放棄眾多的機會，就是為了用雙腳走上海拔五千四百一十六公尺的山頂。

尼泊爾的旅程是我大學四年非常重要的能量經驗，這趟旅程的經驗，我在面對四年中的困頓時能多走一步。

隨著腳步來到海拔五千一百公尺，大山下的我，垂著頭，任由風霜吹襲，走著走著我無預警地吐了！當下夥伴卸下我的背包，背在他自己身上，嚮導衝上山頂把馬叫下來，領隊關照我的狀況並對我說：「大柯，你必須上馬。」身體不適低著頭的我馬上回說：「我不要上馬。」沉默半晌，領隊再一次叫我上馬，我抬起頭正要講出那「不要」時，我停住了！看著領隊泛紅著雙眼，對著我說話。我仍舊堅持：「在馬回來前，我想多走一步算一步。」夥伴背著我的背包，嚮導與領隊左右攙扶著我，繼續走。

馬在海拔五千二百公尺左右來接我。上馬後，我的淚水潰堤了，怨自己為什麼這麼笨，背這麼多水上山，消耗大量體力，怨老天為什麼我這麼努力卻還讓我高山症發作，正當我在汪洋中沮喪時，想起《僕人：修道院的領導啟示錄》書中說的：「你看看你接受了多少愛。」走出那沮喪的汪洋，回憶著筋疲力竭的夥伴幫我背行囊；嚮導奔跑去找馬，可能會引發高山症；領隊的同理讓我的情緒被接納了！

實踐上的旅途：博雅高中營與弓道

許恆嘉老師與吳秀照副書院長一起構築了高中優質博雅生活營的課程架構，將東海博雅教育的概念濃縮到博雅高中營。第二屆高中營，我擔任隊輔的角色，恆嘉哥叮嚀我們，只能引導：「你只需要問他們兩個問題，確定嗎？想清楚了嗎？」剩下就是陪伴高中生探索，並確保他們安全，不能下指導棋給予答案。

這過程讓我發現，原來身為父母的角色這麼困難，你極度渴望將你知道的好方法直接跟學員說，將自己覺得正確方向指引他們。比對我與家人的衝突：對於家人自以為是的建議，要求朝他們期待方向前進，過去總是不曉得為什麼要這樣做？彷彿成了他人的傀儡而活。第二屆隊輔的經歷，弭平了我自身長期對於家庭的不諒解，同時也意識到唯有真正體驗過那角色或位置，才知道一切是那麼的不容易。

第三屆高中營，我擔任隊輔組長，帶領著隊輔一起認識弓道，將我在東海Alpha

第四屆博雅高中營大合照。

所學的引導反思與經驗和隊輔們分享。第三屆的成長是覺察自身個性：傾向第一線在現場奮鬥。在營隊執行期間，看著隊輔們在第一線帶領著高中生，我站在隊輔身後，感覺自己毫無用處，沒有給予現場實質的幫助；但我能理解這是要突破自我的舒適圈，站在一個領導者的位子，不再是處理眼前問題，而是俯視全局調配資源與提醒等功能。這拉扯的過程成為我擔任第四屆高中營課程副召最好的養分。

最後一役成為榜樣的道路

第四屆高中營，我擔任課程副召，負責營隊學習效益、課程規劃與執行、隊輔培訓等。我抱著五個核心理念辦這場營隊。一、讓屆別之間有更多的交流機會。二、增加書院生學習成長的機會。三、參與人看見擁有的影響力。四、不要將教室當成全世界，將全世界變成學習的場域。五、看見撐起台灣的力量。在遇到困難與決策時都回歸這五點理念去創造最大的可能性。

第四屆高中營將學習的自主權回歸到學員身上，因此任務點的開發與隊輔培訓就非常重要。在隊輔培訓上，我花了很多心力呼應理念，並培養第五屆的接班人。為了上述目的，我希望團隊不只是完成活動，而是彼此的羈絆與連結能持續的團隊，不只是討論行政事項，包括學習分享、活動演練與討論，以及情感連結的會後會（宵夜場）；運用共學小組的模式，引導各組學習後與大家分享。過程中發現自己內向的個性，會因為我願意努力的願景與目標，而打破過往的舒適圈。這讓我開始練習如何關心夥伴、如何問候與適時地玩樂，營造正向成長的團隊氛圍。

在任務點的開發上，我與崇名老師及隊輔一同去拜訪關鍵人，邀請他們一同參與改變教育環境的營隊計畫，聆聽關鍵人的生命故事。在現實面上的協商等等都令我興奮不已。被拒絕的時候，崇名老師總說：「大柯沒關係！我們會找到更好的探索點的。」這些話成了最好的支持。

營隊期間因為一些決策，一位隊輔反應心中情緒，讓我很愧疚的跟隊輔們說：「對不起！我忘了你們的感受。」原來即使經歷過這角色，以為能同理隊輔的感

弓道課

受，但在不同時空環境下只能盡可能的同理，無法做到完全同理對方的感受。營隊結束後，我滿是傷痕，心裡卻很富足。或許這就是相信的力量吧！因為相信信念努力的堅持，即使滿是傷痕，但心靈的富足會讓你很踏實。憶起德雷莎修女說過的：「必須在愛中成長，為此我們必須不停的愛，去給予，直到成傷。」

弓民生活

大二時與王崇名老師一同推動住宿學習的主題：「弓道」，跟弓道老師蔡明川老師學習。在弓道的學習中，處處是學問，從箭於靶上的位置，或是一把弓的觸感，都可看出一個人的狀態。記得自己花了整整八個小時做完弓的初胚，這種專注在一件事務上，不被其他事物干擾，活在當下，就為了把弓做好的感覺，療癒了我心中疲憊的心。累不累？很累！但因專注其中，所以心裡很滿足。弓道這種專注於當下的體驗吸引著我持續學習，因此我投入住宿學習中的弓道團隊，開始了我們讓弓道在東海延續的故事。

書院自主學習計畫——統合綜效、創造雙贏

我選擇弓道成為我自主學習計畫的題目，目標是讓弓道在東海延續。很幸運的提案通過了，與第五屆書院生陳鈺霖、鄧郁璇一起組隊，但組隊過程並不順利。某個夜晚回宿舍時，遇到伊志宗老師。伊老師問起我的自主學習計畫還順利嗎？

我開始跟老師大吐苦水。兩人坐在宿舍樓梯前，聊了近三個小時，大部分時間老師都聽我在傾訴，偶爾回應並提出反問讓我思考。

那晚是我生命的記憶點，談話結束已凌晨一兩點，我陪老師去取車，感謝老師的陪伴與指導。我開始思考：一位有家庭、四十多歲的老師，願意陪我成長是多麼珍貴的一件事。因為老師們的陪伴，讓我想表現得更好作為感謝老師們付出的回饋。

公道／弓道改變人們心中詞彙

弓道如何在東海延續下去？我們做過各種嘗試，弓道在住宿學習中發展、與大學入門結合給新生體驗、變成社團利弊、弓道結合書院迎新與交流、弓道學分通識化、弓道與服務學習結合、弓道成為書院生的必修課等等。

我們試圖在生活中以弓道為主軸，放在不同載體上，讓更多人認識弓道，並產生興趣來學習。我們創造很大的體驗量，可惜在體驗後卻只有極少數夥伴參與；面對這樣的窘境，我們採納了伊老師的建議，與四箴國中合作推動弓道服務學習，並將弓道帶入東大附中品格營。

在學習、推廣弓道的過程中，我覺得最珍貴的就是：學生願意為了動機而學習，沒有學分逼迫、沒有利益交換單純學習的動機；以及老師願意教的心，不為了金錢，而是對於一件事物的熱愛與對彼此的體貼。

過程中，我將帶領四屆高中營的心態用在這團隊中，讓修課中的每位同學不只是讀書、做事、服務與反思成長，以及彼此的向心力與對於弓道的認同感，因此針對修課學生舉辦很多課外的聚會與參訪。在四箴國中的成果發表上，弓道的成果備受四箴校長、家長，以及博雅書院卓逸民書院長的肯定，開啟弓道另一個機會。

我最愛的家，不抱怨不怨嘆，成為家的力量

東海博雅書院在二〇一四年遇到人事變動，更換了書院長。學生對於書院新的課程有眾多不滿。黃昏撒在書院前廣場，卓老師被一群七屆書院生和幾位六屆與五屆的夥伴們圍著，傾聽七屆書院生對於書院入門課程的抱怨，以及進入書院的落差與困惑。站在十公尺外的我，心裡五味雜陳，卓老師是我的書院家導，我想幫忙，心中有個聲音：六藝的射是否可能與弓道結合，讓書院生從實作中成長，創造較高的接受度呢？同時心中有另一個聲音：不要拿書院珍貴的資源來成就弓道，因為每份資源都是東海學長姐與支持東海博雅教育人士的捐款。我陷入這段對話拉扯中。

在四箴發表會上，卓書院長看見大學生與國中生的成長與感動，認同弓道的教育方式，邀請伊志宗老師、蔡明川老師以及弓民生活團隊一起策劃書院的品格與領導力課程。回應之前的掙扎，我決定審慎地運用資源來協助書院接近東海博雅的教育理念。

推動弓道在書院課程化的過程中，我把握兩個核心理念：一、這是一個書院生投入書院課程的機會，讓課程不只是課程委員會決定，而是能有學生的聲音。二、讓書院導師、高年級學長姐與大一書院生有高密度的互動。在這兩個概念上，我們

將一門上百人的課程分成五個班級，每個班級有兩位老師（一位弓道專業的蔡明川老師、一位書院導師），一位高年級學長姐擔任助教，每班限制在二十五人以下，讓師生比能在一比八左右，創造老師與學生之間的高度互動。

低師生比是想創造一個情境：書院導師是各領域專業教授，在學術中總能以其專業觀點與豐厚學識來解剖不同事務。但如果一位沒有拿過刨刀，沒摸過弓箭的教授，沒有太多的經驗與學識來幫助他進行弓道的學習，那教授與學生相較於學術，在弓道的學習上是站在相近的起點，教授的學習態度成了學生最佳的榜樣。弓道老師教完綁手握的技巧，當班的書院導師也依照弓道老師的指示進行製作，但總是無法將麻繩穩固的綁在弓上，每當用力拉緊麻繩時就全部脫落了！導師挪了一下身軀靠近身旁的同學問：這要怎麼做？同學熱情的與導師說明，並細心指引老師每個小細節要注意的地方。我想，師與生之間沒有階級、輩份差別，只有一顆做學問的態度與專注，同學願意分享自己所知。這或許就是東海大學創立之初，師生一同擘劃東海大學同甘苦共患難的歷程吧！

不輕易向現實低頭，才能邁向成熟

莊承訓　東海大學第五十七屆生命科學系（生物醫學組）。博雅書院第四屆榮譽畢業生。國立交通大學分子醫學與生物工程所博士班，就讀中。習慣忙裡偷閒讓腦袋放空，探索著事物的關聯性，不斷地提出假設，並大膽地想像，非常陶醉和享受這樣的過程。面對框架，也不輕易向標準答案低頭，直到找到自己滿意的答案為止。

若你存在於這世上的機會就這麼一次，你想做個什麼樣的人？

或許，我們都試圖想要成為有「價值」的人，或至少有能力讓自己過著「滿意」生活的人。

但，究竟如何達成其中任何一個目標呢？

對於人生這樣沒有一個標準答案的大哉問，我想應該先檢視自己獨有的先天資源與限制，根據自己所擁有的籌碼，玩出自己滿意、有價值的人生，我想就是人生的最佳解了。

至少，我正以這個方式探索自己的人生。

我從何而來？

人生的籌碼與限制，基本上與家庭緊密相連，因此，我的故事也將從我的出身開始談起。

我的人生以台南作為起點，家中有五個小孩，我排行老二。家裡這麼多孩子嗷嗷待哺，可想而知經濟負擔重，也因為這樣的環境下，常看大人們為錢的事情吵架，年紀還小的我，自然也感受得到那種壓力，不過卻也無能為力。所以不管在學校發生什麼事情，只報喜不報憂，或許不讓父母煩惱就是最好的幫忙了吧。

存在的價值？

為了不讓父母煩惱，國中時期，我一直維持班上前十名的成績，在學校的操性也表現不錯，唯獨調皮搗蛋的個性讓我成為班上的活寶，被老師罰抄寫單字的次數破了全班紀錄。雖然家裡的環境不適合讓我好好念書，但父親仍想辦法借錢讓我補習。國三拚學測前，我選擇留在學校晚自習，所幸後來順利考上市立高中。但上了高中之後，我開始疑惑：「我的人生難道只有讀書，這就是我存在的價值嗎？」

由於找不到人生方向，讓我感到困惑和無助，高中之後，我上課總是睡覺，時不時想要遠離人群，讓我也漸漸被同學瞧不起和排擠，我找不到自己存在的價值在哪兒，更不想念書了。

退隱至內心世界

唯一能夠讓我逃離這些的方式就是網路世界，因為只有虛擬的世界才能讓我蒙騙自己的人生可以重來，我不用再面對現實生活中那些身上撕不掉的標籤。當然，這些都只是用來麻痺自己的假象，但至少我能因此感到日子是「快樂」的。

但課業跟不上讓我開始對自己有所警惕，因為我不知怎麼面對辛苦工作及對我有所期待的家人，也不想看自己變得一無是處，心中有股聲音要我振作起來。我開始會和自己對話，試圖認識自己到底是怎麼樣的人，下一步又該往哪裡去。

我想改變自己，但不知如何踏出第一步，彷彿站在十字路口，仍沒有勇氣往前走。

醞釀

高中的社團時間，在結束一學期的動漫社生活後，我選擇了熱音社。但老實說，除了直笛以外，我根本不懂其他樂器。我才剛填完申請單，熱音社社長就傳簡訊給我，告知我就是下一任社長了，如果我不接，熱音社就要倒社了。

「這是整新進人員的遊戲嗎？」後來我知道這不是玩笑話。

「喔，好吧。那我有任何問題可以問你嗎？」

做了這個愚蠢的決定，卻改變了我的高中生活。比起做好一個鼓手，我更想要當好一個管理者，我想讓這個社團變得更好；也因為這樣，原本要離開社團專心拚學測的學長也回來陪著我一起經營。後來也有越來越多學弟妹加入熱音社。

為了讓社團能夠更好，我開始傾聽各方意見，以及了解先前差點倒社的原因；其中部分原因是外聘的授課老師讓大家不是很滿意。於是我向學校提出要更換授課老師，也因為這樣與授課老師發生爭執，最後用投票方式換了新的授課老師。此外，開始接洽外面的表演機會，讓社團開始有產生正向的質變。因為結交了一起奮鬥的朋友，讓我開始有了歸屬感，覺得不再是一個人。

追求的外在世界

有了這樣的經驗，我慢慢發現自己是勇於接受挑戰的；比起試卷上的題目，解決實際的問題，更加讓我感興趣。眼看著離學測越來越近，但我的成績一直在吊車尾，爸媽開始擔心我了。他們請班導師安排一位學校書卷獎的學姊來指導我學業，甚至決定讓我去多家補習班補習，但家裡根本負擔不起補習費用。由於無法同時應付這麼多補習班的進度，成績依舊沒有起色。就在某次數學段考仍然不及格時，我對父親說：「我不要補習了，你們也別再管我課業了，我答應你們我會自己讀，一定會進步給你們看。」

於是我停掉所有補習，接著自己選購應試教材，並安排讀書計畫，趕緊把過去沒學好的內容給追回來。時常我看著教材不禁疑惑：「我以前有學過這些喔？不管了，就重頭學吧！」於是，那份想要進步的企圖心讓我無法鬆懈，經歷過幾次模擬考，成績漸漸有起色。

但面對升學壓力，這樣的學習讓我仍然看不見未來到底要走向何處，就在某次放學前往社區圖書館的路上，我走進便利超商買晚餐，並順手拿了架上的刊物，看到裡面介紹各個系所畢業後可以選擇的產業，其中生物科技最讓我心動。我內心又燃起對未來的期待和興奮，為了能朝著這方向前進，我將剩餘的時間都投注在相關的科目上，最後順利考上東海大學的生命科學系。

尋找棲身之所

甫脫離中學時期，那為升學考試而讀書的學習環境後，初次踏進東海大學校園的感覺，彷彿有種象徵著獨立與自由的氣息籠罩著身心，讓我對自己的未來發展有著無法言喻的興奮與期盼。

但這種感受慢慢於追趕課業的過程中消逝，心裡有股聲音不斷想要另尋棲身之所，某次與博雅書院生談話的過程中，讓我感受到博雅書院不僅是個能讓學生適性發展的環境，同時也具備一所大學應有的格局和理想。他們也從我對於大學的想法，認為我的價值觀與書院滿接近的，於是鼓勵我加入書院。

而在書院以人為本的學習環境，讓我不畏表達自己的想法，並學著傾聽他人，慢慢了解如何在團體的合作和衝突之間，勇於行動與反思。書院常舉辦夜談活動，設定主題讓師生一同參與分享及討論。在這樣的場合，多元的思想得以交融，因為明白在這裡發言是安全的，每個人都能暢所欲言，分享自己的看法和洞見，也漸漸讓自己的思維更加完整和成熟。

此外，參與博雅書院的學生自治會的過程中，面對許多的壓力，常與夥伴產生許多摩擦，但有趣的是，就事論事是我們一直不用明說的默契；常常會議上吵得不可開交，結束後又開心地一起去吃宵夜。這樣的過程中，使我更認識自己的特質並了解自己，懂得如何在面對不同團體及挑戰的情況下，找到自己的立足點，以不失自己的特色為前提，有效地協助團體達成目標，並更確立自己的價值，成為一種帶得走的能力，讓我有勇氣面對未來的挑戰並持續進步。

如魚得水

透過參與博雅書院許多團體活動，其中包含雅治、五校共學，以及青年發展署的壯遊計畫「百刻旬踏」等等，我慢慢意識到自己對於組織願景和發展策略很感興趣；每當團隊遇到難題，我會很自然地去找組織管理的相關書籍來閱讀，漸漸地也扮演起協助組織確立目標和擬定策略的腳色，並在衝突當中嘗試溝通和協調，期望從衝突當中磨合出第三種可能性，讓組織能持續運作並壯大。

在參與雅治的過程中，我會提醒團隊去關注組織層面的問題，而非只顧解決眼前的問題，以免為解決一個小問題而造成更多大問題。為讓團隊能夠延續下去，因此在團隊形成初期，我總希望確立願景與目標，因此我幫忙統合大家各自的想像，並整合成樹苗茁壯成大樹的意象，讓組員們都能從這意象中找到自己的那一部分，也間接形成向心力和認同感。

這些過程中，我發現自己較擅長從看似不相干或是相衝突的意見中，去找到更多種結合的可能性。在書院最大的改變，是讓我不斷地認識自己，且讓自己更知道怎麼發揮優勢。

不輕言放棄

博雅書院會引導學生安排大學四年的個人學習計畫，定期的調整學習計畫，讓我在大二時開始意識到自己在專業領域的經驗不足，眼看著同學都已經開始做系上實驗室的專題，而我仍然原地踏步；而書院也有許多同學出國交換等等，這些都促使我走到外面，不要一直把自己關在舒適圈。於是，升大二的暑假，我到系上的電生理實驗室上了暑期課程，學基本的實驗技術及原理。雖是很開心且充實的經歷，但也發現自己的興趣不在這個領域。升大三的暑假，我開始找校外實習機會，起初投了中研院的暑期實習計畫，但被拒絕了。我又從系上打聽到國衛院有實習機會，上網一查，卻發現已經過了報名時間，眼看暑假就要開始了，我的實習卻還沒有著落，心裡非常緊張。

博雅書院APL成果分享

「我乾脆直接寫信給國衛院某個實驗室主持人，請他給我實習機會呢？」

面對可能再次被拒絕的壓力，我還是鼓起勇氣寫信給國衛院感疫所的黃明熙老師，表示希望能夠爭取到實驗室的實習機會，並附上我的自傳。隔沒幾天，就收到老師的回信，表示願意讓我進實驗室實習，但因為報名截止日已過，所以我沒辦法拿到實習的薪資，但我一點也不在乎啊！

為期兩個月的實習，過程中，學長姐及老師都很有耐心的指導，讓我了解實驗室是怎麼運作的，以及一些基本的生物實驗技術，例如細胞培養、動物實驗等等。我也趕在實習結束前，完成一份小專題，希望能夠在未來作為推甄研究所的門票。

邁向成熟之路

可能在書院養成的習慣，當面對難題不輕易放棄，加上自己本身就是喜歡問問題的人，這些特質帶到研究所後，正好彌補了自己過去課業成績不突出的弱點。我相信自己即便不是最會念書的，但並不表示就不適合研究。指導教授也表示我的優點就是在面對困難時會自己尋求解決方法，不論是透過修課或是閱讀文獻，甚至去詢問其他實驗室的研究生。不怕挑戰難題且不恥下問的態度，也是在書院培養出來的特質。

於是我就在一個純做實驗的實驗室（濕式），自學了程式語言後，來協助實驗室分析基因表現量（乾式），並設計一套分析方法，彌補了實驗室一直以來所缺的部分。從一開始曾想過要休學，到後來慢慢找到自己在這領域的定位和成就感，讓我在這條道路上慢慢成熟起來了。

更大的挑戰

基於這樣的碩士經歷，讓我有了讀博士的勇氣，想一鼓作氣完成博士學位，證

博雅書院榮譽畢業生及博雅宣言代表

明自己的能力；並在目前認為學歷無產業之用的輿論風氣下，試圖透過參與產學博士學程，讓自己與產業接軌。由於擔心學校給的課程仍然不夠，所以又參加了台北醫學大學的生技創業課程，課程為期半年，過程中不只學到許多理論及實務，也認識許多在業界的前輩。

經歷過大學四年的歷練，以及兩年研究所的專業訓練，我不再是過去那個沒自信、想遠離人群的我，我會主動與前輩們相識，從他們身上學習許多經驗並開開眼界。這樣的經歷讓我了解原來擁有不可被取代的專業技術是多麼重要，也讓我回過頭檢視自己，現在到底在這產業中還欠缺多少。攻讀博士學位的過程，雖然仍然有諸多不足之處，但我敢肯定的是，若沒有經歷過博雅書院的學習歷程，我無法站在現在的高度，或者說手上根本沒有籌碼來面對這些困難。回顧自己所刻畫的人生故事後，更讓我不想就此停筆，往後的人生仍會遇到更多未知的挑戰，但我相信照著過去在書院養成的思維與能力，將支持我繼續走下去。

捲起袖子吧，人生的舞台自己來打造

陳虹羽

東海大學國際貿易系。博雅書院第二屆榮譽畢業生。

現職：寶成集團NIKE事業部專案管理師（籃球鞋開發）。

大家都叫我Connie，是個正向樂天的女孩，臉上有著招牌的大笑容。喜歡有計畫地去執行任務，相信機會是留給做好準備的人，因此無論在工作或生活上都會全力以赴。內心住著一位冒險家，愛好探索未知的領域、秉持著勇於挑戰自我的精神，並影響著身邊的朋友及家人。

今年的我正邁入二十八歲，在製鞋產業（寶成集團NIKE事業部）打滾五年，終於我不再是眾人眼中的社會新鮮人、職場菜鳥或辦公室跑腿嫩妹了，完成了近十款籃球鞋開發專案。其實，踏入職場的第一年，我就不把自己看作是一名菜鳥；我告訴自己：我是一名全力以赴的好職員，到哪裡都應當發光發熱，完成我給自己或別人安排給我的使命；再小的任務，我都盡全力達成；再有挑戰性的專案，我都願意放手一搏闖看看。

認真回想工作後這幾年累積的實戰經驗與收穫，都跟自己的求學過程、成長環境及家庭背景，有密不可分的關聯。一路走來也面臨許多次需要在眾多機會中做出重要抉擇的時刻，而每一個決定都是影響著我漸漸形成今天的自己。

經歷是留給追求機會的人

我很幸運，從小到大在幸福與被保護的家庭環境下成長，家裡給我的勝過於我需要的，我也總是乖乖聽從著家人的指示與意見在做選擇，沒有遇過需要自己單打獨鬥的時期。小時候的作文題目「我曾遇過的挫折」，我總是想破頭也寫不出太深刻的故事。我遇到的第一個重大挫折，是指考成績。我的指考成績跟我理想中的目標分數完全沾不上邊。我以為自己的未來要泡湯了，選擇國立大學的機率幾乎是零，而響亮的私立大學系所也寥寥可數。選填大學時心中無數次吶喊、搖擺不定要不要重考一年，在考量家中經濟、是否離家生活等因素後，硬著頭皮在志願上選填東海大學國際貿易系。但我告訴自己，求學時期的成績不是代表一切，將來自己創造的機會與歷練才是。

開學前，收到博雅書院的簡章後，爸媽拉著原本興趣缺缺的我去說明會。在說明會上，第一屆學長姐分享的特殊經歷深深吸引了我——有人送愛心去尼泊爾、有人去澎湖做服務學習、還有豐富的課程及活動，可以自主學習與參加。這場說明會

2011年冬天參加第十屆北國風情冬令營。第一排右二是我。

正好給了當時不想再輸人一截的自己找到了各種新的可能，我心中的聲音再度浮現——我也想要成為與眾不同、我期待經過大學四年教育後能有不一樣的人生。回家後我馬上著手進行申請資料的準備，並參加徵選、複試。幸運地我如願成為了第二屆博雅書院生。這對當時短暫失去自信心的我是多麼有力量的一劑鼓舞，那時的我才正式對自己的大學生活充滿了各種想像與期待。

機會是留給準備好的人

這短短四年中，我不敢說自己是最優秀的學生，但我知道自己在系上課業、書院生活與課餘時間經營之間，抓住了每次得來不易的機會，並擁有了許多非常珍貴的經歷。二〇一一年冬天，我參加第十屆北國風情冬令營，前往東北省長春

2013年擔任98學年國際貿易系畢業班畢業生代表

市吉林大學與當地學生在零下二十度的氣溫下作文化交流。二〇一二年暑假，我參加寶成集團的實習計畫，前往印尼鞋廠，第一次接觸完整製鞋流程及產業。這也促成我踏入社會後從事的第一份正職工作。同時我也完成了博雅書院的需求以榮譽書院生畢業、更擔任九十八學年國際貿易系畢業生代表。從大二開始擔任東海勞作小組長一年半、大三下學期，擔任東海勞作區隊長一年的時間，培養領導能力並獨立賺取大學生活費。二〇一三年青年節前夕，還因此受邀以學生代表參與「總統與青年有約」的座談，與當時的馬英九總統對談「看重自我能力，分享實踐勇氣」。

這些當年看似平凡的大學日常生活點滴都是漸漸堆疊、累積成為今日實力的過程與養分。我很感激當時二十歲出頭的自己願意大膽放手嘗試、勇於突破自我、不安於現狀，也因為許多師長及貴人給予的幫助及鼓勵，促使我拼命利用大學四年的時光做足了充分的準備，使我畢業後能帶著足夠的自信心踏入職場，無畏將來更多的困難與挑戰。

舞台是留給看重自我能力的人

東海大學是個非常重視及培養學生教養與氣質的學習環境，所有大一新生入學時，都被要求必須修完一學年的基本勞作教育學分。希望學生透過共同維護、打掃校園內環境的服務工作，來學習與自我、他人及環境的互動，進一步養成同理、負責、自律、關懷、合作等處事態度。而這些態度也正是現代公民社會需要必備的素養。記得當年新生入學時，聽到大一要義務性「打掃」一整年，同學們之間都皺起眉頭，臉上露出不敢相信自己唸大學還需要接受「勞作教育」的狐疑表情。相對當時的我，並沒有太反感的反應，從小家中一直有養成全家共同分擔家事的習慣，因此對於一週每天要勞作三十分鐘，且勞作範圍包括校內住宿場所、教室、公共空間及全校校園環境，大一的我就自然地認同並接受這項安排。

一學年當中，我們會被劃分到八期不同的掃區，透過學校隨機安排跨系學院、打破性別的分組方式，讓學生每一期到不同的地點服務，也藉此增進新生對校園環境的瞭解，同時學習如何與各式各樣的人共事。另外，每期勞作並非只是單純清潔與維護環境而已，還會抽時間實施「勞作課程日」，由各期勞作教育小組長，也就是大二到大三的學長姐們，帶領分享「核心課程」與「加值課程」；含蓋各種生活態度等議題，小組長可以依照自己的風格或動或靜地去完成討論。

大一掃期接近尾聲時，有一位小組長主動問我，是否有意願在大二時加入小組長的團隊。她從我身上看到小組長應具備的部分特質，鼓勵我試看看，不但能訓練自己的軟實力更能培養領導能力，還能賺取工讀費，是一項一舉多得的投資。唯一需要犧牲的就是早上的睡眠時間，因為每天早上七點就必須抵達勞作的工作崗位，開啟新的一天。

起初我沒有考慮太多，我認為自己可以勝任，就莽撞地跟室友著手進行資料準備，並報名參加小組長甄選。決定報名之前，原以為只要自己個性放得開、能與勞作生打成一片，應該就是合適的小組長人選；但在見習與實習的過程中，我屢被學長姐指點不夠正經、不細心、記性不好等等問題，使我幾度陷入懷疑自己是否不適合這個職位，而想過要放棄。經過多次與前輩磨合、自我修正，在二次見習的過程中，我放慢步調，仔細觀察並調整自己的做事風格，才通過二次考核。我才驚覺起初所認知的小組長並非如表面看到的那麼簡單，這是一份需要受到非常嚴謹的做事訓練、並做好充分事前準備及精準執行的工作，學長姊會以高標準要求每位新手，來達到一致的水平。

經過一年半扎實的學習與實戰經驗，我發現自己漸漸成為一位能屈能伸、能靜能動、守時不健忘的小組長；也養成自己更成熟穩重的一面，每一天的勞作，我都當作是給自己再一次進步的機會。我總是將勞作生的名字與臉龐記熟、事先想好隔天要巡視的路線、核心與加值課程不斷創新與變化、盡量發掘那些特別需要被關心問候的學弟妹，站在他們的立場看問題、也鼓勵有潛力的學生一起加入小組長的行列，培育出更多優秀的人才。因為這些表現，大三下學期的寒假，即將準備畢業的前輩在尋覓適合的「區隊長」接班人時，我被列為第一優先人選。起初，我很猶豫並婉拒了。因我比較想繼續已經習慣的工作，區隊長的責任更大，事務更多，我懷疑自己真的能勝任嗎？會不會因此砸了自己好不容易已經打好的招牌？好多懷疑自己能力且害怕自己做不到的聲音一個一個冒出來。

後來，前輩再次告訴我，他推薦我的原因：「因為我看見妳擁有妳自己都不知道的潛力，只需要有人推妳一把就可以的勇氣。妳回想看看，這一年多來，妳的進步是多麼意想不到，妳懂得與環境共舞、在團體中能夠自我管理並照顧他人，且能帶著團隊正向成長。」

2013年以「看重自我能力，分享實踐勇氣」為題，與當時的馬英九總統於青年節前夕進行對談。

聽著他說的這些話語，我的眼淚慢慢滑落臉頰，我知道我應該接下這個任務，跨出那個我已經經營好的舒適圈。最後終於答應要挺身而出接下重任，伴隨團隊完成更多挑戰。

一年的區隊長任期其實一眨眼就過去，困難的是要如何在一年之中經營並帶領一個不時有舊成員會離開或有新成員加入的團隊，成員也包含資歷比自己高或淺的小組長，重要是讓大家對團隊本身產生情感與歸屬，才能帶領大家朝同一目標邁進。剛開始接任區隊長時，我盡量騰出時間與成員一對一對談，了解大家的想法與聲音，並引導能力較強、經驗較豐富的小組長協助新進成員成長，降低團隊之間能力的斷層，也快速提升新成員的能力。並利用每日工作後團隊半小時的相聚時間進行工作經驗或課程分享，將我巡視觀察到的正面或負面教材提出來與團隊一同討論，互相學習並警惕彼此。也公開鼓勵表現優異的成員讓大家學習與效仿。

因為擔任區隊長，我有機會認識到更多優秀的同儕、夥伴與師長，我所獲得的成就感與快樂，正是來自於完成一件自己從來沒有想過或做過的事。我們都是在各自的崗位上掙扎且努力奮鬥著，或許一個人的力量看起來很渺小，但當你願意承擔責任並實踐理想，且影響身邊的人和你一起進步、改變，你會發現自己確實就在做一件大事了。正如在「總統與青年有約」的座談會上，我與馬總統淺談身為大學青年曾做過的故事，我非常認同現代的青年應該要更積極主動向社會證明自己存在的價值，並為自己認為有意義且所在乎的議題發聲及實際參與、實踐，盡量在你所擁有的舞台上盡情揮灑青春。

十年後的今天，我回憶當時選填大學及系所的那個暑假，確實是關鍵的人生十字路口，現在的我完全不後悔當初自己留在台中，更感激書院鼓勵著年輕學子們多元面向發展，用心體驗去找尋每一個適合自己的位置。我也深信每一個人生階段的選擇及經歷都有其存在的意義。現在的我不再害怕跨出下一步，我期待走向更豐富更精彩的人生。

一路走來，在博雅書院的點滴

陳翊端

東海大學第五十七屆生命科學系（生物醫學組）。陽明大學生理所碩士。博雅書院第四屆書院生。目前服役中。

我熱愛著我們的地球與大自然，在經歷大學、研究所與書院的學習之後，讓我有更多的方法了解與探索這個世界。我也熱愛手作，透過科學的原理分析問題，並透過自己親手製作來解決問題。希望透過自己的雙手、雙腳與腦袋更加親近這個世界。

高三那年畢業那年，跟許多人一樣，心想終於可以擺脫過去十二年一成不變的學校生活，在大學裡好好盡情地展開完全不一樣的生活。在東海大學的入學信件中，附有書院的報名簡章。我讀完簡章並上網查閱了書院的招生影片和相關資訊後，看到書院有四大文明課程、六藝以及眾多的暑期活動團隊，是夢想中跳脫體制外的學習機會，可以不再侷限在專業的課堂，而有更多的機會接觸不同的事物，進而為自己做了一個重要的決定。

人生態度上的改變

進入東海的第一個星期，參加了書院暑期團隊舉辦的聯合成果發表會。在五個團隊的分享中，前往世界不同的地方，進行服務與學習。聽著學長姐們分享著在五千公尺的高山上舉步艱難、在澎湖的街道與當地居民的互動、在加拿大當志工服務之餘到當地的湖邊嬉戲，看著學長姐們分享時臉上光輝與他們蛻變的經歷，燃起挑戰自我的想法。於是報名加入下一年度的「尼泊爾波卡拉人文生態關懷計劃」，這是書院和華人磐石協會合作的活動。

隨著時間來到年底，東海的尼泊爾團隊由八位成員共同建立。然而，在出發前的半年，我們已經面對了一次巨大的挑戰。尼泊爾計劃涵蓋戶外體驗教育以及服務學習兩個部分；在行前，我們需要進行大量的體能訓練，以應付長時間在高地的負重行走；同時我們也要為服務學習進行規劃與募款、募物資。當時大一的我非常積極參與其中，但在過程中，有人會因為其他事物或個人因素而無法參與規劃；討論中許多意見相左，以上的種種使我心中有非常多不滿，也讓團隊產生不少摩擦。儘管這半年期間我們仍完成各項計劃與訓練，但在出發的那一刻，我心中仍有許多不快。

在步上尼泊爾安納普納環山路線的一開始，從起點——海拔八百六十公尺的高度一路向上，起初一切很順利，大家的體能狀況都還能輕鬆地走完整天的路程。一路上，大家也被壯大的山脈與景觀所震撼，都呈現非常興奮的狀態。從路旁成群的山羊、沿路上偶爾和背負行李的驢隊擦身而過、隨時抬頭就可以望見超過八千公尺雪白的山峰，到充滿農村氣息的建築群，我們的感官隨時被新奇的事物刺激著。每到休息的村莊，尼泊爾山區新鮮的空氣混雜著爐灶燒柴的煙燻味，吃著當地特色風味的豆湯以及辛香味四溢的咖哩，讓我們暫時忘記一天的疲憊。

隨著當高度提升到海拔三千公尺之後，行走天數的增加，讓大家的心理與身體的疲勞也漸漸累積，漸漸地我們的步伐沉重了起來。在山區白日豔陽高照的高溫和夜間海拔高度形成急遽的溫差，以及雖然美味但並非習慣的食物，也讓我們慢慢出現水土不服的狀況；在行走的一週後，我出現發燒與腹瀉的症狀。當時心理壓力非常大，每天除了行走之外，在晚餐後，大家都會討論接下來的行程調整以及當日的狀況檢討。當時我的情緒變得極不穩定，在分享的過程中，發表對於行進過程的速度與休息時間分配的需求；因體力考量，我希望能夠盡快抵達每天的休息點；同時也對其他人的分享有很多意見。至今回想起來，當時的我是最為醜陋與糟糕的自己，完全沒有顧及他人的狀況與心情，眼中只有自己的不滿。

引導員其實把我們每個人的狀況都看在眼裡，但他並沒有立即制止我們的摩擦，而是耐心地繼續陪伴在我們身邊，關心著我們每個人，並提醒、安排我們彼此互相扶持。就這樣，這種狀況維持了幾天時間。終於在幾天後的高度適應休息日，我的狀況終於恢復了過來，同時也意識到幾天前自己的行為與發言非常不當，我也在那時向大家表達了我的抱歉與悔意。同時也察覺到過度自信的強健與開朗，只是風一吹即折的一枝枯枝。儘管當時的摩擦終於化解，但我內心仍有著尷尬的疙瘩。

當旅程來到海拔四千公尺的基地營前站時，在我們面前的是這趟登山的難關。當天晚間，大家做好萬全準備後，提早入睡，因隔天的凌晨三點我們就得上裝出發。在那樣的高度下，寒冷的低溫與氧氣分壓的降低，也讓呼吸更為急促，使我在睡眠時每一、兩小時就會醒來一次。

出發時，天上下著大雨，氣溫直逼零下，在漆黑的夜裡，我們點亮頭燈，開始一步一腳印的朝海拔五千四百一十六公尺的目的地前進。旅程才出發兩個多小時，天還沒亮，就有團員開始出現失溫以及輕微的高山症，但距離下一個有馬匹的支援點還有一小段距離，所以我們仍艱難地緩慢前進。當我懷疑自己能不能夠堅持走完今天的路程時，抬頭往前望去，看到我們的引導員走在被人攙扶著的團員旁邊，輕輕地唱著「恩典之路」，並不時的鼓勵著大家。儘管此刻他的身體也一樣在抵禦著無情大自然的考驗，但他仍然保持著平穩的情緒，並溫和的把這種堅強傳遞給大家；藉著這份溫暖與堅毅，讓我們的腳步更加堅定，一步又一步繼續向前。凌晨五點多，冰冷的雨漸漸停了下來，太陽升起，山上的雲霧展開，儘管此時的我們體力已經快消耗殆盡，回首一看，來時路已經消失在山的另一邊。我們繼續埋首向前，終於抵達此趟旅程的最高點，海拔五千四百一十六公尺的Throng La Pass。

當我們還沉浸在攻頂的愉悅時，殊不知真正的挑戰才正要開始，下一個目的地是海拔三千九百公尺的村莊。在出發離開Throng La Pass時，大家還抱持著愉悅的心情，踩踏著腳步迎向旅途的結尾。但兩個小時過後，大家的臉色瞬間垮下來，連續的長下坡，讓我們無力的大腿與膝蓋承受更無情的打擊，每一步的頓挫，膝蓋與腳踝都會痛得讓人想直接滾下山。每每看到嚮導們在各組間穿梭，奔跑在宏偉的山坡上，真的讓我徹底了解到，要抱持著謙卑的態度面對大自然。當你志得意滿時，也更容易摔下山坡。唯有持續保持謙卑的心，才能繼續平穩的向前。這段路程走得非常痛苦，但也是最愉快難忘的一段路，儘管身軀疲憊，但深刻感受到自身的蛻變。

如果說攻頂的路途是對自己精神與毅力的挑戰，那這段下坡則是對心智與耐心的磨練。面對上山的困難，每個人都舉步維艱，很自然地會聚在一起。但下坡時，每個人的差異漸漸拉大，大家的距離也漸漸拉開。儘管當時我的膝蓋也痠痛不已，但我還是能繼續向前步行。一段路程之後，發現隊員間的距離開始拉開，有夥伴走不太動時，儘管自己的身體也很不舒服，很想快點走到終點，但這時候的我開始懂得放下自己的不適與負面情緒，因為一路走來，彼此扶持的是身邊的伙伴，若自己

抵達海拔5416公尺的Throng La Pass前的最後一段路。

先到達終點，並非真正的完成，而是要與整個團隊一同完成這項挑戰。此時的我們，完全放下自我，與他人形成一個團隊。在路途中互相鼓舞、幫助，一同發覺沿途的美好風景，一同與路上的其他旅人交流，一同走向彼此的目標。這天的最後路程，也是人生中新的一頁的開始。

築起人文的橋樑

我從高中就下定決心要鑽研「生命科學」這個領域，大學時也順利進入生命科學系就讀，並且加入實驗室進行科學研究。就在看似我的人生與藝術無緣，進入書院開啟了我認識這個世界的另一道大門。其中兩門「御」課程——人文攝影課程以及自行車課程——開啟了我對攝影以及單車的興趣。兩位老師分別利用攝影以及自行車的走訪，帶領我們重新認識身邊的建築歷史，以及日本對於當時台灣在交通、農業發展的影響，也因此讓我延伸出後續在書院自主學習計畫的題目設定——水圳。

自主學習計畫從構想到執行，費時一年多的時間，從大學生活最忙碌的大三到大四，此時系上的必修課程、專題研究、書院一系列的活動都同時持續地進行。團隊的成員們也是如此，不同的時間安排，讓自主學習計畫的執行更加困難，幸而團隊成員都沒有因此而放棄。彼此都很忙碌，也不時會彼此耽誤對方的時間，但我們互相包容、共同承擔，一同咬緊牙根撐下去。這樣共同的經歷，讓書院生們有一種很不一樣的感覺，一種難以言喻的互相信任與互相尊重。儘管畢業多年，當需要再次一同合作時，這種態度就會再次浮現。這是在離開書院後很少再遇到的態度。

美學課程中的知識與實踐

大二那年，書院進駐了一位來自新加坡的訪問學者。他在書院開了一門「視覺藝術的批判性思考——京都：地方與空間」的課程。大四時，我修習了這門課程。

課程分為三個階段，低階段是針對日本美學進行學習；並在期中考前，進行期末作品的提案。第二階段為移地教學；於期中考後，前往京都進行實地的學習，並同時蒐集期末作品提案的素材。第三階段為期末作品的製作，進行互評與舉辦期末作品的展覽。課程採全英語授課，內容非常緊湊，從京都的歷史、空間的角度切入日本美學的本質，同時透過閱讀英語文本探討日本美學，每週要進行一次書面報告與口頭心得分享。對於一個幾乎沒有藝術基礎的學生來說，要認識其中的文字意思與意義，真的是每週都費盡心力。同學之間也會利用平時空檔之餘，互相交流閱讀文本的心得與探討課程上的問題。儘管辛苦，但在彼此的互助之下，大家順利的過完這段考驗。

在京都移地教學的那一週，是相當特別的經驗，並非因為是身處國外上課，而是到了京都，當課程所學的事物呈現在眼前時，會產生一種莫名的熟悉感。彷彿你曾來過此地，就算身處國外，你也能馬上融入另一個文化之中。在大德寺中的高桐院，我們坐在廊道上，細細體會著春末夏初，在庭院中的樹木與花朵展現的生命力；在相傳是日本茶聖千利休住家的茶室中，體會莊嚴與寂靜的禪意；在嵐山祇王寺中，走在細心照料的苔園旁，感受祇王歷經紅塵起伏後在山中隱居的空寂；在夜晚熱鬧的先斗町，瞥見看似不食人間煙火的藝妓和舞子；在鞍馬寺的山路中，感受

京都大德寺高桐院上課一景

大自然的能量。在課程中，我了解到知識與實踐的重要性，有了對於其他文化的了解，才有辦法入境隨俗；在尊重對方的文化的同時，從中看到更多的景色。

在京都的時間過得飛快，轉眼間就回到了東海，大氣還沒喘一口，就開始期末作業的製作。我的題目是「侘寂」（Wabi Sabi），我的計劃是利用攝影的方式進行題目的呈現。「侘寂」的概念來自於佛教，並藉由日本茶道發揚光大，其定義因人而異，大致可以說是一種不完美的美，或者說是萬物在極致之後漸入虛無的過程中產生的美，通常是充滿寧靜、粗糙、晦暗的表現。這讓我在京都的一週中更加兢兢業業，因為一旦離開，我就沒有拍照的機會了。所以一到京都時，我可說是亂槍打鳥，看到什麼就拍什麼，深怕遺漏了任何一個可能的鏡頭；但經過每晚與老師的談話中，老師提醒我，最重要的不是拍了多少照片，而是應思考有沒有找到屬於自己的「侘寂」。這時我才回到自己題目的軸心，認真地捕捉屬於自己的畫面。這也讓我在後來遇到各種慌亂的情境時，能夠再次回到初衷，去找到屬於自己的本質。在這次京都的課程中，帶給我最大的改變應該是讓我的心境更加穩定，讓我能夠在不同的環境下都能夠保持平靜的心，面對、包容眼前即將到來的事物。

博雅書院的故事還在持續

在書院，我們沒有畢業典禮，是啟航祝福典禮。離開書院並不是學習的結束，而是開啟另一階段的挑戰。大學畢業後，我依照計畫進入了研究所，進行神經科學相關的研究。至今即將要畢業，在研究所兩年多的時間內，埋首在自己的實驗之中，在實驗之餘還要閱讀大量文獻和修課的書，生活的重心完全落入研究所之中。同時原本順利進展的實驗，在最後的階段卻出現了極大的障礙與挫折，在最後的階段也經常萌發想放棄的念頭，在這個過程中，幸好有書院的學長姐、同學與學弟妹的支持，讓我撐過最後的難關。

從書院畢業之後，我從來自不同領域的夥伴們身上，交流彼此的所見所聞，增

京都課程結束後，展出作品之一。

進彼此對這個世界的認識。當我們齊聚一堂，互相聆聽並給予意見或鼓勵。因在書院有共同且獨特的經歷，讓我們的交流沒有隔閡，更顯得有默契與真誠。我也透過這些交流得到寶貴的意見和許多的鼓勵與支持。每次的活動聚會都會令我有重新加滿油的感受，讓我回到實驗室中再次面對挑戰。

在書院我們常說「一個人可以走得很快，一群人可以走得很遠」，在書院的四年裡，除了各項課程的養成之外，最重要的就是書院讓我們形成了一個「家」，而這群「家人」在畢業之後也繼續互相扶持。這些「家人」們的支持，是我認為書院給予我最重要的資產。

歸零是為了認識自己

葉楚芸

東海大學國貿系學士，台灣科技大學色彩與照明科技所碩士。博雅書院第二居書院生。

現職：影像處理工程師。

我曾經想像過自己是旅行家、表演家、心理諮商師或照明設計師，但現在是一位影像處理工程師。曾經排斥參與社團組織，亦無經營管理經驗，卻擔任博雅書院校友會理事長。在我的二十七年人生裡，做了一些轉變和突破，開始學會享受和珍惜當下，如同我喜歡的一句話：「每天早上醒來，請充滿喜悅的期待這一天會帶給你的禮物。」

我還在尋找落錨點

二〇一三年，我二十二歲，大學的最後一學期，我過著表裡不一的日子，身邊的朋友忙著準備出國、面試工作、考研究所，我則是慌忙地佯裝自己，利用沉默來掩蓋自己的徬徨。我是博雅書院的榮譽畢業生，從數十位畢業生中脫穎而出，應可證明我足夠努力完成書院課程，也勇於實踐博雅精神。但我仍焦慮不安，因為我總是回答不出關於未來的問題。

因語言能力不足，我沒有信心出國工作或進入外商，也沒有興趣攻讀商學研究所，懷著複雜心情，我在求職網站上，刪除所有的關鍵字，沒有範圍地搜尋職缺，並透過徵才說明，尋找適合自己的位置。

幸運地，在畢業一個禮拜之後，我得到兩個工作機會，一個在金瓜石山上，掌管戲劇及展藝空間，負責佈展和接待藝術家；薪水不高，但肯定是夠「酷」的工作。另一個職位是工研院的專案助理，承接政府的研究計畫。

這兩個選擇都不在我的想像中，但沒有信心等待下個機會出現，依著父母的期待，我選擇了工研院。老實說，我對將要負責的計畫內容沒有太大的興趣想知道，在接到錄取通知後，就向公司提出，隔天開始上班。到公司報到後，我才驚覺這份工作與自己所學的差異，除了專業知識不足外，對於工作的思維和溝通模式一竅不通。於是，開始上班之後的每一天，日子相當難過。我聽不懂主管指派的任務，回答不出電話另一頭的問題，甚至看不懂任何文件。

不管如何，對當時的我而言，這份工作相當重要，它給了我一個方向。在工作的第一年，我幾乎在清潔打掃時間就到公司，又陪著工程師加班到半夜，每天忙得焦頭爛額，就連去洗手間都是用跑的，當時我只有一個想法：「我不能一直幫人倒茶，我要看懂文件資料，並坐進會議室，參與討論。」

我的工作是協助能源局管理台灣的發電業，從一片平地開始，各種電廠的開發規畫、施工、竣工，至運轉後的定期查驗，每一個環節中都有我的身影。感謝這份了解我的工作，讓我跑遍台灣本島和離島的發電廠，進入深山洞穴中查核水力發電廠，搭船出海觀看離岸風力機的預定地。每天都有新鮮事，找我的電話總是響不停。雖然工作能力還需加強，但我仍自豪地給這份工作下一個完美的註解：「我是守護台灣電業安全的關鍵人物。」

我日夜奮力投入工作，試著用自己的邏輯將繁雜的資料系統化，終於讓主管看見了我的企圖心和能力。他聘請了一位助理替我處理瑣碎的行政事務，讓我負責更困難的項目，並開始重視我的意見。但當工作越來越有成就感，我卻越強烈地感受到不真實。雖然我非常努力，把事情做得更好，我也非常用心，讓共事者感到滿意，但自始至終，我缺乏這領域的專業，我還是一位行政助理。

記得一個疲倦的晚上，我從辦公室走回宿舍，不知道為什麼想起博雅書院的書院長在畢業前夕與我們談及的「志業」——每個人天生都會被賦予畢生追求的志業，我忽然驚覺自己只是不斷用勤勞來掩蓋對未來的不安，這份工作領域並不是我的志業。當天晚上，我下定決心跳出泡沫，不要眷戀剛上軌道的生活。在工作期滿三年後，我二十五歲了，我決意放下累積的經驗和人脈，選擇一個全新的領域，累積自己的專業。

也不知哪來的運氣，沒有任何相關專業背景，憑著一個很簡單的初心，我順利地考上台灣科技大學的色彩與照明科技所。我沒有花時間評估自己是否能勝任研究生這個角色，也沒先向學長姊探聽資訊；我只拜訪一位教授，請他收我為指導學生；在開學前一個月，我走到哪裡都抱著原文書。

我的研究以色彩情感與照明設計為主，將情感研究應用在照明設計上，剛好符合我對人類行為的好奇心和對設計師美好的想像，使我非常熱衷地投入研究。雖然研究題目有趣，但我仍是應用科技學院的學生，研究所的課程包含色彩科學、統計分析、光學設計、LED製程、模擬軟體操作，我的程度明顯跟不上其他同學，時常會沮喪地想鑽進地洞裡，但我盡可能騙自己不去在意，享受學習的生活。泰戈爾有一首詩——我總覺得他是為我寫的——內容是：「只管前行，不要為採集花朵逗留，因為繁花將在你走過的一路上綻放。」我從未有改變世界的偉大抱負，也沒有什麼高尚的社會理想，我每天認真的生活，勇敢嘗試各種可能，累積生命經驗，就是希望離未知的志業越來越近。

在研究所畢業前，我自滿相信自己已找到志業，成為一位照明設計師；但在尋找工作的過程中，信心慢慢殆盡。我不是設計背景，亦不是光學專業，雖然有上市照明公司的實習經驗，也曾擔任一個照明改善計畫的主要執行者，但憑我現有的能力，在台灣仍找不到適合的公司及想要的工作內容。經過一連串面試，我爭取到世界前幾大的陸資照明公司的工作機會，我不排斥赴中國工作，但是薪資與期待相差太大，且實際工作內容與我預期不同。雖然我不甘心放棄，但心底有一個明確的聲音，阻止這趟冒險，忍住氣尋找下一個落錨點。幸好，落錨點很快就來了！我參考研究所學長的建議，嘗試在研究所的另一個專業領域，並接受他的推薦，赴一上市的科技公司面試。在面試時，我老實坦誠自己的專業能力與這份職缺所需的落差，也真實地向面試主管談論我的經歷、觀點和未來方向。本來不抱期望，在走出公司大門時，我就接到人資的電話，我錄取了。離開正要熟悉照明領域，我走上影像處理工程師之路，歸零重新開始。

博雅書院總是讓我做不擅長的事

在博雅書院裡，我結識了一群共患難的摯友。二〇一八年的元旦，我正從京都前往名古屋，在大雪壅塞的車流裡，好友傳來漫不經心的祝賀詞後，劈頭告訴我，博雅書院校友會的理監事提名期限將至，但提名人數不足，希望即刻推薦我參選。雖然我一直自詡為一個把握機會的人，但對官方組織的行政幹部，實在提不起興致。當時塞車在路上，哪裡也去不了，於是我安靜下來，評量自己的時間、精力、動機。我很快發現，過去的自己只是站在背後評斷校友會的問題，或是如救星般出

博雅書院理事長就職典禮

席活動後就離開，在這種危急時刻，作為一個榮譽畢業生實在沒有拒絕的理由。如朋友所願，我參與選舉，也加入理事團隊。當選理事後，我則是靜靜等待其他理事們推選出理事長，不是因為我不在意，是因為我從未加入官方的學生組織或讀書會，既沒有獨到的觀點和看法，也沒有清晰的邏輯思考能力。在敘述一件事時，我都得帶點手勢和表情才說得清楚，怎麼想都不可能是我，我可不想搞砸。

這次換了一個朋友致電，他希望推薦我參選理事長。拿著手機，我久久說不上話。但我內心知道，多少理由都沒辦法說服我。經過三天的沉寂，我的決定讓大家跌破眼鏡，我以自我推薦的方式力爭理事長一職。我沒有任何想實踐的個人藍圖，在沉寂的三天裡，我只想兩個問題，我是否真心愛著書院？我是否做好了準備，接受大家

享受與珍惜當下

用放大鏡檢視我的能力？我非常清楚，若當不成一位好的理事長，我將會失去博雅書院對我的信任，也會破壞與夥伴的關係。

恭喜，我當選理事長了！既然大家敢給我機會，的確沒有理由預測會失敗。

以理事長的身分在公開場合發言，主持理監事會議，對我來說，相當不自在，但除了書院，哪還有地方可以讓我嘗試。

不論如何開始，重要的是開始之後就不要停止。自從擔任理事長一職，湧上各種問題，我的個性很急，時常沒聽懂問題就急著下判斷；我不夠有魄力，容易讓夥伴受委屈；我的邏輯和表達能力不夠好，開會時常發散；還有太多要學習和進步的地方，幸好在過程中，有理監事團隊和師長與我並肩作戰，在前進中學習。

感謝博雅書院在我身上打的一道光

我衷心感謝曾經錄取我的主管、研究所教授和博雅書院的朋友，有勇氣錄取一個沒有相關背景的魯莽女孩，耐心的等待我成長。還記得在工研院離職前，我問主管：「當年為什麼要錄取我？難道沒有比我優秀的面試者？」主管笑著說：「比妳優秀的很多，但妳看起來是最有趣的，我們需要工作起來快樂的同事。」

書院送給我很多禮物，其中最棒的就是在我身上打了一道光，讓我在轉換過程中，被看見並給予機會。

對於過去的每個決定，我從不後悔，把自己歸零需要勇氣，但我不會假裝非常有自信，也不會忙著去證明我做得非常好，我只在乎自己是否全心投入，是否從中找到樂趣和發揮的位置。或許有一天，我會自然而然找到我的志業，對嗎？

感謝有這扇窗，望見更多條路

廖翊茵　東海大學社會系。博雅書院第二屆書院生。
經歷：家族助手、博雅書院高中營副召、博雅書院行政助理。目前為自雇者。

「平凡中每天進步一點點，在生活中做好自己，發揮正向的影響力。」這句話對於出社會五年的人來說還不難，期望五十年後我依然實踐著這樣的平凡。我相信，在貧瘠土壤上的植物，更要自己栽培自己，不等人栽培，從現有的環境中吸收養分，開花結果。

市場內喧鬧的叫賣聲、混雜的氣味、匆忙的腳步，包圍著市場中的每個生命，層層積累附著在這些生命經驗中。每當看到攤位後方稚嫩的兒童，稚氣童音的模仿成熟用語和大人應對時，總想到小時候在市場跑跳的我。父母為了按時償還龐大的負債，不失信於銀行和給予幫助的親友，他們跑遍全台灣的市場，每天清晨就到市場擺攤，有時接著在黃昏市場販售產品，全年無休。就這樣過了十多年，家中生意才慢慢穩定經營，也償清了債務。

而這十多年也是我求學成長的歲月。身為家中的長女，除了照顧弟弟妹妹外，也需要到市場幫忙做生意。這樣的背景，讓父母認為生存比升學重要，若不是「讀書的料」，就不需要繼續升學。父母對我的要求，除了做人的品性外，從來不會因為課業不好被責罵，他們甚至希望我完成基本教育後，就進入職場歷練謀生。當時，為了可以和同學一樣繼續升學，被分配到非升學班的我只能更努力證明自己是「讀書的料」。現在回想起來，很感謝當時有一群課業優異的好同學，無私地教我解題和讀書方法，慢慢地我也抓到了學習的節奏，才得以升學。

我也要讀大學

對於升學的最大原因只是想和同儕一樣讀大學的我，順利念完大學後，就像完成一個里程碑。在系上的學業僅是按部就班完成應該修習的課業，平平穩穩地過著。當初加入博雅書院的契機很單純，僅是在東海大學網站上看到書院資訊覺得很新奇，正好報名將要截止，就匆匆備好審查資料後寄出；順利進到複試，並甄選上。可是如果沒有這一連串報名動作，我也不會知道原來學習除了生存之外，還能有不一樣的意義；但這樣的體悟是多年後，我出社會後才明白的。畢竟當時的我，對於所學能不能應用到未來，毫無頭緒，加上從小環境的影響，若經營一個買賣就能生存時，為什麼要讀書呢？

四年的大學生涯，一邊茫然一邊積極地過著，化成文字似乎有點矛盾，若具體形容大概是這樣：一天的時間中，白天聽著系所安排的課業，晚上參加書院安排的課程，回來趕著規定的課業，在零碎的時間安排校內工讀。看似積極忙碌的日子，其實很茫然，大部分都在做能力範圍內的事情，甚至有些努力只是在舒適圈內前進。遇到一個瓶頸點，往往就停下腳步，縱使不安地擔憂未來，但也不敢邁步向前，僅以小碎步的姿態走到了畢業。

停下腳步思考

畢業後在博雅書院工作，從學生轉換到行政人員的這段時間，像是檢視求學階段的延伸，也是此時使我反思，原來受教育並不僅止於生存，完成每項任務時，主管總是提醒著我們是在做教育的單位。工作不只是餬口，還能有發揮自身影響力的價值。成為職員的角色，在執行、策劃中了解到學生時期所參與的活動、修課所學的知識，原來都有它的道理和教育者注入的期望，期望傳遞出去的知識可以被實踐應用在社會上。在鼓勵表達自己意見的校園中，書院更創造一個可信任的環境，一次次練習溝通、合作的態度。不論是學生時期參與書院的我，或是成為職員在書院

工作的我，很感謝這樣的教育體制，打開了我對於受教育的想像。

可生命就是如此，當開始覺得有點了解些道理時，它就會出一道題目試煉你是否真的學會。工作一年後，家裡生意急缺人手，我被徵招回家協助。剛回家時突然像是被拿掉一切一樣歸零，所做之事好像又回到生存需求這樣的原點。對於經銷一竅不通的氣餒感，又勾起父母認為升學不如生存的論點，讀大學好像一點用處都沒有，社會系所教導的領域本就不是培訓技職硬實力的科系，更加深了讀書「沒有用」三個字的力道。當時一度拚命尋找表面能見的有用、大家所謂的好，可是越是加上表象的頭銜就越心虛，甚至迷失了自己，直直墜入黑暗中。在黑暗中，我只看到別人的亮眼、光彩，想和大家一樣拚命地在身上黏閃亮的珠寶。可越是急著找不屬於自己的表面，越是陷入「牛角尖」中的深層黑暗。

不是沒有用，是會不會用

當發現對外尋求光芒這個方法沒有用時，這次我選擇轉身面向自己所處的瓶頸點，不再只是停下腳步自怨自哀。在書院學習四年，工作一年，我看到了在書院結識的好友們，他們亮眼和光彩背後所付出的努力。我要拋開「只能這樣」的枷鎖，開始正視問題，並學著走出屬於自己的光芒。從引導教育裡學到的知識，應用在生命中，安排和自己對話反思的時間，找出向前行的動力。而過往所認為的「沒有用」，總在回想時發現，原來早就在使用，也開始學著搭配適合自己的應用。

因為求學階段的按部就班，不論是系上書單，或是博雅書院授予的關於東方文明、西方文明、世界議題等課程中，閱讀不同領域文本後積累的討論分析訓練。不知不覺培養了我跨領域閱讀的習慣。延續這樣的習慣，閱讀時往往會因為書中的一句話或是一個情境，解開了我無法想通透的事情。

雖然現在依然按部就班地生活著，但不只停留在接受安排，而是開始用心感受生活，觀察職場和生活上所發生的事情。偶而困惑的癥結點會因為生活中小小的事件找到相關性，進而有所突破。舉例來說，家中老屋改建店面時，在從無到有將近一年的工程中，我必須要監工、打雜、當小工、跑腿買便當。這樣的參與，讓我體會到原來每個空間並不是理所當然的存在，而眼前可見的細節，影響的不僅是當下實用性，還有幾十年後的安全。當我遇到卡關，就不再只是抱怨，而會一個個拆解問題。像老屋一樣，總結構雖然無法變動，但總有不同的作法，讓這個關卡有不一樣的結果。思考自己的不足並補足，作長遠的規劃。

有時候更可以藉由觀察生活，了解到書中的道理，原來能這樣應用。就像沒有音樂背景的我，在學古典吉他的過程中，想要彈順一首曲子就必須經歷過無數沒有理由的再一次。即使我把整個譜背下來，但沒有一再反覆練習，手指不靈活也無法彈好一首曲子。總說要練習一萬小時才能成就，但要如何克服這一萬小時呢？我的作法是，挫折卡到滿點時，就回頭去彈已經熟悉的曲子，拉回自信，也藉由彈奏曲子放鬆心情後，再繼續練習卡住的小節。

而有了實踐道理的初階應用，讓我在第一次當業務時，雖然被有六十幾年購物經驗的客人打敗，不僅生意沒成交，還被嫌棄一頓，但我沒有氣餒太久，因為我知道自己要做的不是回頭讀更多行銷策略，而是整理好情緒，再一次去面對客人。我找些購物經驗低的客人，當作口條訓練，來增加自信心。現在，我已經可以用享受的心情，面對不同客人所丟出的問題。因為我知道每個狀況都能累積不同的經驗，關關難過關關過，我總會在業務領域中，「談」出屬於自己風格的曲子。

就這樣，藉由觀察、感受自己的生活，學著面對不同的未知。不同的事件所要出的招式，都得憑藉當下的狀態做出判斷。在這之前要先了解自己，漸漸的，我明白最適合自己的已不是那些強加在身上的裝備、頭銜。當找到適合自己的招式後，才發現其實很多時候，學習並不是沒有用，而是會不會用。社會系教導我了解事物的脈絡，並獨立思考，讓我在經營決策時，不會只是一味跟風。博雅書院的體驗課程、展翅營中，所融入的獨處時間，讓我感受獨處所帶來的平靜，並且也應用在生活上，幫助我了解自己所欠缺的。這些知識是綜合地影響著每個實踐，並非套用公式般學什麼只能用什麼。

或許，黑暗不代表已經到盡頭，而是能在黑暗中看見自己身上的光芒，認識它並且珍惜。

平凡中每天進步一點

在市場的時光中，了解雖然生活無處不是在學習積累經驗，但確實很多資源並非理所當然的存在，更多的人缺少了學習的環境，一輩子都為生存在打拚著。但不論學習是否為了生存，我想更重要的是，在生活中有選擇的能力來面對瞬息萬變的世界。

因為書院這扇窗，讓我看到不同的路。雖然要將學生階段所學習的一切，提出具體事件應證對我而言有限，就像會使用語言，並不僅只是因為會單字這個單一原因，但不可否認的是，學習單字是基本的。真心感謝書院，在我尚未有辨識能力、思考為何要學習時，就算按部就班照著學校規劃的方式學習時也不會被帶偏離；並且在之後轉換跑道、歸零重新開始的我，有勇氣和方法去面對世界。

回首來時路：做他人生命中的燈塔

賴昭銘

東海大學政治系。博雅書院第六屆榮譽畢業生。國立臺灣師範大學東亞所研究生。曾任《天下雜誌》實習研究員兼特約記者。

以前省話的我，從來沒想過要擔任團隊負責人；學測國文成績在平均之下的我，差點考不上東海大學，也從沒想過有一天能夠短暫進入《天下雜誌》做文字工作。大學之前，「考試」就是我內心世界那個至高無上的中心；大學之後，則是過去人生的對照組。大學四年，我不斷學習如何推倒心中根深柢固的高牆，因為我驚覺高牆之後還有更多選擇，且「內向」特質並非絕對的劣勢。

大二時，我和一群夥伴投入「小小博雅服務團隊」的籌備工作。小博團隊成立至今已經接近十年之久，在寒假期間，我們到中華傳愛社區服務協會的生輔班，進行為期兩週的暑期進班營隊。

想起過去的自己

生輔班的孩子大多來自高關懷家庭，他們每一個人都有很多不為人知的故事，為了更順利地與每一位孩子相處，我們必須作好準備。因此服務開始的前幾天是師訓期，指導老師伊老師陪著我們討論這次服務行動的意義，並重新確認未來兩週活動規劃的每一個細節。

營隊開始的第一天，我輔導的對象是

一位剛升上小學一年級的弟弟。在所有活動裡，他是最搶眼、最滑稽的那一個。他常在狀況外，時而發楞、時而做出一些呆萌的動作，例如台上的哥哥姊姊在講話，他就趴在地上做出游蛙式的動作。後來我才知道，原來他的中文學習進度落後同齡的孩子許多。他對注音符號的概念相當模糊，ㄣ會寫成ㄥ，三聲也會不小心寫成四聲；所以基金會的紅豆老師希望我協助他從閱讀繪本故事開始，並且引導他用注音符號寫下自己的心得。

我拉著他的小手到了書櫃前，請他挑一本自己喜歡的書。他毫不猶豫地隨手拿了一本《國王的新衣》。看完書後，我拿出一張閱讀學習單輕放在桌上，至此他開始顯得有些不耐煩，他皺著眉頭，坐在椅子上不停扭動，經過一小時還是擠不出幾個字。這是我第一次親身體會到當老師的困難，我心裡充滿矛盾，小朋友不想寫，那我還要硬逼他寫嗎？然後，我的大腦頓時浮現出一幕似曾相似的畫面，畫面中的主角正是從國小一路混到國中的我。

聽說現在老師已經不太打學生了，我大概就是處在那個轉捩點上吧？從罰站、罰寫、半蹲、交互蹲跳，到在教室後方舉手一兩節課，以及愛的小手的猛烈攻擊，這些體罰我都體驗過無數遍。雖然稱不上是十大酷刑，但也成了我恐懼上學的原因。受罰的聲音總是大過溝通的聲音。難道老師認為懲罰和責難是苦口的良藥，可以治療不乖的孩子嗎?可惜我並沒如老師的願成為乖小孩。

我生性反骨，叛逆期也來的早，約莫國小四年級的時候，大概有一個多月的時間，只要是較繁雜的作業，我幾乎都沒完成，那段時間老師花費不少筆墨在聯絡簿寫上密密麻麻的紅字向爸媽打小報告，可是都被我無所不用其極的攔截了。印象中我還拔過電話線、撕過聯絡簿呢!本以為可以瞞天過海，可是終究紙包不住火，老師還是靠著與爸媽電話熱線揭發這一切，我也只能舉雙手投降。最後，老師也把那段時間累積的作業和懲罰都加倍奉還給我。

其實那陣子我不只沒寫功課而已，某一天還翹了英文補習班、抗拒繼續練鋼琴，搞得我家烏煙瘴氣的，爸媽既擔心又傷心。最後，媽媽無奈地對我說，「不想補習，那就不要補了!」從此爸媽對我呈現半放棄狀態，不再管太多，我可以選擇不補習，功課也不用太好，但他們最後的底線是，寄望我不要在外面作奸犯科就好。

就在我不知所措、沉浸在過往回憶的那一剎那，我忽然想起指導伊老師行前訓練叮嚀我們的一句話，「我們並不一定比被服務者擁有的更多，要試著揣摩他們現在的狀態，然後向他們好好學習。」因為這一個提醒，所以我決定請他暫時把作業擺一旁，先跟他聊聊天。

我問他：「你喜歡這本書嗎？」

他回：「當然喜歡呀！」

我追問：「那你最喜歡哪個人物呢？」

他笑笑地指著國王說，「他頭上的帽子（皇冠）很漂亮。」一來一往聊了十幾分鐘後，我就順勢引導他用簡單的字句把剛剛說的話寫下來，完成了第一份學習單。

而我很慶幸自己最後沒用上威脅、利誘來讓他就範。這兩者就像是會上癮的毒藥，看似可以有效壓制他們的不耐煩，但長期下來卻是製造「學習恐懼」副作用的禍因之一。因為我感同身受過，了解當有一天你被逼到牆角邊的時候，會以為全天下的人只在乎你有沒有寫完作業、有沒有考好成績以及有沒有成為他人眼中的乖乖牌，學習恐懼就是這麼來的，逃避是我當時唯一的選擇。但逃避好累，再怎麼逃，還是逃不過不請自來的社會現實。

原來有人懂我

兩週的進班時間，天天都是感動和挫折交織在一起，我們捉摸不定每位小朋友的個性，他們的熱情幾乎讓每個活動都能嗨到最高點，但場面也經常是一片混亂。幸好有紅豆老師的幫忙；每天下午四點多放學後，是我們這些哥哥姊姊開始上課的時候。哥哥姊姊們對於孩子的狀況一無所知，紛紛述說著孩子們的心情、舉止，而紅豆老師就像是孩子的行動資料庫，向我們一一解釋每位孩子的情況，並且跟我們討論如何應對每位孩子的情緒。

每天一群大學生聽著紅豆老師談論孩子的故事，那畫面相當溫馨、感人。她好像已經把這一、二十位孩子的底細都摸透了，而且在面對孩子不守規矩的情況時，不只是一味的嚴刑峻罰，事後還會聽聽孩子怎麼說。

此外，孩子不能只是為了得到他人的獎勵或避免懲罰才學習，這樣的學習是假的。所以紅豆老師不會隨意拿著書櫃上的糖果、餅乾或其他物品來利誘孩子守規矩，只有當全班表現不錯，或有孩子進步很多，她才會適度地給出些許的獎勵。因此，她也特別告誡哥哥姐姐們不能私下送小朋友任何東西。

雖然紅豆老師兇起來挺可怕的，但是她平時對孩子的關心和尊重，早已贏得孩子們的信賴。那種有人懂你的喜悅是很難用言語形容的。幸運的是，我在國二時就遇上了一位好像猜透我內心所有擔憂和害怕的人。

在博雅書院校友分享會上，分享生命的關鍵轉捩點。

不活在過去的失敗

國二那時的我，在別人面前抬不起頭，好像只要把頭抬起來，臉就會丟到十萬八千里之外。每當親戚問起我的課業狀況時，爸媽只能沉默以對或頂多用「還行」帶過，場面十分尷尬，但這種情況卻是家常便飯。

我的未來是什麼？有希望嗎？在無所適從又經不起他人看不起我的情況下，我決定先把書唸好。就這樣，在中斷補習數年後，我再次回到了補習班。唯一不一樣的是，這次是我自己的選擇，不再是身邊任何人替我做的決定。我決定不逃了，再逃下去也不是辦法。

上課前五分鐘，黃老師緩步進到教室，他約莫三十歲左右，理著一顆平頭，戴著一副銀框眼鏡，穿著則是中規中矩的。這是我與黃老師初次見面的印象。

「新來的？」黃老師如此問到，我只回了一個字「嗯」，緊接著黃老師笑著對我說：「來來來，不要坐那麼後面，第一排位子多的是。」所有同學頓時間盯著我看，噗哧一笑，而我有些猶豫地站了起來，覺得受寵若驚之餘，拿起我的東西，走到第一排坐下。怎麼才第一堂課就被特別看管了呢？

黃老師居然像是聽見我內心的疑問一樣對著全班同學說：「不管你們過去的程度是好還是壞，今天我們既然坐在這邊，就要一起變得更好。」真是令人起雞皮疙瘩。我就是在如此震撼的開場下，開始最後一年多的基測衝刺。

有一次寫完模擬試卷，進入檢討時間。黃老師問：「有沒有問題？」同學們的答案就是一致的「沉默」。後來黃老師看向我滿江紅的考卷，問我：「昭銘，有問題嗎？」我有點心虛地回答：「沒問題。」後來黃老師沉默了一下，用餘光掃視我的考卷，然後開始幫我逐一檢討每一處的錯誤。

那堂課結束後，我有種豁然開朗的感覺。正準備離開教室，這時黃老師走過來叫住我。他跟我說：「以後有問題儘管提出喔！錯一次沒關係，不小心錯第二次也沒關係，但是錯第三次就說不過去了。」我有些尷尬地跟黃老師點點頭說了聲「好」。距離基測的時間越來越近，黑板上也開始每日更新倒數天數，經歷數個月的打拼，成績起色的速度令人很有感。有一次黃老師私底下對我說，他每週還有一個時段可以幫我檢討習題、做最後衝刺，就看我願不願意多花些時間補課？老師的用心感動了我，所以沒多猶豫就答應了。

這是奇蹟嗎？一開始，我的基測模擬考成績僅有一百六十七分，最終卻是以二百六十五分作收。雖然離滿分還有一段遙遠的路，但是我已經全力以赴，毫無遺憾了。我這才知道問題真正的源頭，並非成績的好壞，而是我既消極又不願面對現實的態度。

自省與被看見的喜悅

每天跟紅豆老師結束討論後，當天的服務就算告一段落。不過對於團隊生活來說，晚上又是另一個新的開始。除了打理晚餐、安排每一個人的洗澡時間外，我們每一個人還要留言給小朋友。

「小朋友日誌」是孩子們經歷每一天活動的心得日記，要寫字或畫圖都可以，重要的是把自己的心情表達在小本子上面。每一則回覆都是我們給孩子的關懷與鼓勵。回饋絕對不嫌多，因為他們都看在眼裡。聽各班的老師說，這些小朋友甚至會

巧拼時間是一個很輕鬆的分享時刻，或坐、或躺、或趴著都可以。

互相比較收到的回饋字數的多寡，有的小朋友還會很在意自己喜歡的哥哥或姊姊有沒有給他回饋。

生命中的燈塔

約莫晚上九點半左右，大家放下手邊的事情聚集到其中一間鋪設木地板的房間內，人手一塊巧拼，拼成可以容納一個圓的大小，這是屬於我們的「巧拼時間」。

巧拼時間是一個很輕鬆的分享時刻，或坐、或躺、或趴都可以，這段時間也特別珍貴，因為我們平時都習慣跟自己熟悉的人說心裡話，而巧拼時間讓我們有機會聽見更多人的故事，也把自己的故事說給更多人聽，畢竟大家都相處在同一個屋簷底下。

做為人生研究員，我們因迷路而走出一條不一樣的路。

大人不在，所以巧拼時間很輕鬆？當然不是這樣，我們的大人一直都在。指導伊老師也會在巧拼時間的行列之中，他就像我們的夥伴一樣毫無違和感，大概沒有人會因為老師的存在而有太多的保留。伊老師不只出現在任務現場，還出現在我們的生活中。巧拼時間在晚上十一點結束，幹部們準備趕往下一攤，準備召開當天的檢討會議，這時伊老師也會跟在我們身後，一起到另一間會議室。

伊老師總是靜靜地聽著我們討論一整天的點點滴滴，他沒有任何的干涉，反而會在我們卡住的時候適時拋出問題，協助解困。其實伊老師已經有些年紀了，每次開會到一半，我們就急著趕老師回家休息，但老師的心好似不曾老過，打打太極、笑一笑，又繼續留下來陪我們把會開完。

我還記得他的瘋狂程度真的讓我佩服到了骨

底。我曾在學期中的某個午夜望見兩個熟悉的背影，一位是伊老師，另一位是大柯學長；他們倆就這樣坐在宿舍前的階梯上聊著聊著，就聊到接近凌晨一點了。

每當我跟生輔班的孩子相處時，我就會望見過去那個年少輕狂的自己正迷茫地徘徊著，就這樣一片又一片的記憶拼圖，在為期兩週的服務中，我把它拼湊起來了。「教育無他，愛與榜樣而已。」這是教育家福祿貝爾的名言。而我大腦裡浮現的是黃老師、伊老師，以及我身邊親愛的夥伴們。

「改變」是怎麼發生的？我的心中已經有了一些答案。

跋——

不只是開始

東海大學博雅書院從創立至今，陪伴了一屆又一屆的學生成長、蛻變。每年都有同學完成博雅書院的學習，成為書院畢業生；每年都有大一新鮮人加入，成為書院生。書院每年分別為這兩群同學舉辦「啟航祝福典禮」與「始業式」，前者的主角是畢業生，後者的主角是新生；兩種都是開始，但也都不僅僅是開始。

馬友友、帕爾曼（Itzhak Perlman）都是當代知名的音樂家，一位是大提琴家，一位是小提琴家。他們突出的地方是名貴的好琴？準確的琴音？還是他們詮釋音樂的能力呢？拉琴時的左手是音準，是基本功；但，右手拉弓，才能展現感情，才是卓越的原因。有錢或許就能買到好琴，耳朵不差就能拉到音準，這是基本，但不會卓越。專業學好了，就如同左手按到正確的位置達到音準。音準了，便可以開始練習彈奏樂曲，加入自己的感情，產生自己的詮釋。書院的學習，是幫助學生練習右手，就是希望讓同學能夠「左右兼顧」，創造自己的人生，也努力成為別人的祝福。

這本書集結了十二位書院畢業生分享的學習故事。而今有這樣的成果，實有賴眾人之力。書院的每一位同學都有自己很特別的學習經驗，書院的老師看著他們成長，心中有許多感動與激勵。特別有這麼多教育工作者，願意在授課、研究、行政之餘，空出心力與時間來陪伴學生成長，讓我們對教育充滿信心。

更可貴與感動的是，有一群對母校與教育有極高熱誠的支持者，無論在智慧、經驗或是經費的支持，都是書院能夠成長的重要元素。此外這本書內的幾位作者，更是騰出時間寫作、修改文稿，把教育的理念和自己的經驗記錄下來，我們更是珍惜與感激。許多博雅書院的畢業生與書院保有緊密的連結，他們或許正在研究所深造，或許正在各自工作領域耕耘，或許正在勇敢的構思自己的理想，準備前進，每一位都是獨一無二的。

燈下，展讀這些年輕的心靈，看他們回憶勞作教育的早掃時光與擔任小組長的歷練，我們知道他們是東海人；看他們回顧「六藝」課程、欣賞系列課程、夜談活動——音樂欣賞、書法課、素描課、培養品格與領導力的弓道課等等，我們看見同學們在博雅書院求知的動能；讀他們參與「小小博雅」、五校共學、博雅高中營以及青年發展署的壯遊計畫，文字中展現出大學生青春活潑的特質；讀他們勇於挑戰自我，投入服務學習專案，到尼泊爾、到澎湖，從籌備、募款，出團、執行任務，經歷了許多意想不到的考驗，這是鍛鍊態度和實踐力的關卡。

一般人很難想像，當他們忙完了一天的活動，澎湖海岸邊日落的餘暉是如何觸動他們的內心，而喜馬拉雅山高海拔的極端氣候如何考驗他們的意志力；回憶起跟著同學們在尼泊爾的時光，早晨常常天空還濛濛亮，當地已經幾次登上喜峰絕頂的雪巴嚮導便來呼喚我們起床準備動身。他們帶著兩個水瓶，親切地詢問「Black tea or white tea?」茶杯裡氤氳的熱氣和抬頭隨時可以望見的雪白山峰相映成趣。手拿水瓶的雪巴嚮導教導我們，大成就的人也能有謙卑的服務。那年，眾人在大山的環抱底下成長了。

博雅書院的支持者：林振東代理校長、賈培源先生、楊金山先生與學生們。

再讀到同學擔任「博雅大使」，代表書院接待貴賓、參與重要典禮運作，培養大方合宜的談吐與氣質，相信會是他們很重要的成長。另外，書院的家族制度也在同學的學習過程中扮演重要的意義，特別是同學擔任家族助手，成為導師、家族成員的橋梁。也有同學積極投入書院學生自治組織，在「雅治」中學習使用溝通，把衝突轉化成更多的理解與團隊合作，這是很可貴的經驗值。

在幾位所分享的自主性方案學習（Active Project Learning: APL）過程，讓人看見同學們如何在理想中掙扎，自己與自己、自己與夥伴的能量及碰撞。而每年寒假期間，書院帶領學生們在冬季的山林中行走幾天的「展翅營」，大家終於有靜下心來與自我心靈對話的機會。

博雅書院的教育，不只是一個開始，更是一種鍛鍊，一股注入社會的活力與價值，一個對教育的堅持。見到年輕人在各自的領域努力，不忘初衷，努力開始成為一股清新吹拂社會的風，我們心中滿是安慰，平安與喜樂。

國家圖書館出版品預行編目(CIP)資料

博雅教育的學與思：無價學分養成人文素養、哲學思辨與創造力 / 東海大學博雅書院著 . -- 初版 . -- 臺北市：商周出版：家庭傳媒城邦分公司發行, 2018.12
面；　公分 . -- (商周教育館；21)
ISBN 978-986-477-595-8(平裝)

1. 人文教育 2. 文集

520.7　　107021580

商周教育館 021

博雅教育的學與思：
無價學分養成人文素養、哲學思辨與創造力

作　　者／東海大學博雅書院、王偉華、邱國維
企畫選書／黃靖卉
責任編輯／彭子宸
協力編輯／東海大學博雅書院全體同仁、羅佳韋

版　　權／翁靜如、黃淑敏
行銷業務／張媖茜、黃崇華
總 編 輯／黃靖卉
總 經 理／彭之琬
發 行 人／何飛鵬
法律顧問／元禾法律事務所 王子文律師
出　　版／商周出版
台北市 104 民生東路二段 141 號 9 樓
電話：(02) 25007008　傳真：(02)25007759
E-mail：bwp.service@cite.com.tw
發　　行／英屬蓋曼群島商家庭傳媒股份有限公司城邦分公司
台北市中山區民生東路二段 141 號 2 樓
書虫客服服務專線：02-25007718；25007719
服務時間：週一至週五上午 09:30-12:00；下午 13:30-17:00
24 小時傳真專線：02-25001990；25001991
劃撥帳號：19863813；戶名：書虫股份有限公司
讀者服務信箱：service@readingclub.com.tw
城邦讀書花園：www.cite.com.tw
香港發行所／城邦（香港）出版集團
香港灣仔駱克道 193 號東超商業中心 1F　E-mail：hkcite@biznetvigator.com
電話：(852) 25086231　傳真：(852) 25789337
馬新發行所／城邦（馬新）出版集團【Cite (M) Sdn Bhd】
41, Jalan Radin Anum, Bandar Baru Sri Petaling,
57000 Kuala Lumpur, Malaysia.
電話：(603) 90578822　傳真：(603) 90576622　Email: cite@cite.com.my

封面設計／張燕儀
排　　版／洪菁穗
印　　刷／中原印刷事業有限公司
經 銷 商／聯合發行股份有限公司
地址：新北市 231 新店區寶橋路 235 巷 6 弄 6 號 2 樓
電話：(02)2917-8022 傳真：(02)2911-0053

■2018 年 12 月 25 日初版　ISBN 978-986-477-595-8　Printed in Taiwan
定價 280 元

城邦讀書花園
www.cite.com.tw

廣　告　回　函
北區郵政管理登記證
北臺字第000791號
郵資已付，免貼郵票

104　台北市民生東路二段141號2樓

英屬蓋曼群島商家庭傳媒股份有限公司城邦分公司　收

請沿虛線對摺，謝謝！

書號：BUE021　書名：博雅教育的學與思　編碼：

請於此處用膠水黏貼

商周出版

讀者回函卡

感謝您購買我們出版的書籍！請費心填寫此回函卡，我們將不定期寄上城邦集團最新的出版訊息。

不定期好禮相贈！
立即加入：商周出版
Facebook 粉絲團

姓名：________________ 性別：☐男 ☐女

生日：西元________年________月________日

地址：________________

聯絡電話：________________ 傳真：________________

E-mail ：

學歷：☐ 1. 小學 ☐ 2. 國中 ☐ 3. 高中 ☐ 4. 大學 ☐ 5. 研究所以上

職業：☐ 1. 學生 ☐ 2. 軍公教 ☐ 3. 服務 ☐ 4. 金融 ☐ 5. 製造 ☐ 6. 資訊
☐ 7. 傳播 ☐ 8. 自由業 ☐ 9. 農漁牧 ☐ 10. 家管 ☐ 11. 退休
☐ 12. 其他________________

您從何種方式得知本書消息？

☐ 1. 書店 ☐ 2. 網路 ☐ 3. 報紙 ☐ 4. 雜誌 ☐ 5. 廣播 ☐ 6. 電視
☐ 7. 親友推薦 ☐ 8. 其他________________

您通常以何種方式購書？

☐ 1. 書店 ☐ 2. 網路 ☐ 3. 傳真訂購 ☐ 4. 郵局劃撥 ☐ 5. 其他________

您喜歡閱讀那些類別的書籍？

☐ 1. 財經商業 ☐ 2. 自然科學 ☐ 3. 歷史 ☐ 4. 法律 ☐ 5. 文學
☐ 6. 休閒旅遊 ☐ 7. 小說 ☐ 8. 人物傳記 ☐ 9. 生活、勵志 ☐ 10. 其他

對我們的建議：________________

____

____

請於此處用膠水黏貼